지리산권 지명의 역사지리

목차

　국립순천대학교 지리산권문화연구원과 국립경상대학교 경남문화연구원은 2007년에 컨소시엄을 구성하고 '지리산권 문화 연구'라는 아젠다로 한국연구재단의 인문한국(HK) 지원 사업에 신청하여 선정되었습니다.

　인문한국 지리산권문화연구단은 지리산과 인접하고 있는 10개 시군을 대상으로 문학, 역사, 철학, 생태 등 다양한 방면의 연구를 목표로 하였습니다. 이에 따라 연구단을 이상사회 연구팀, 지식인상 연구팀, 생태와 지리 연구팀, 문화콘텐츠 개발팀으로 구성하였습니다. 이상사회팀은 지리산권의 문학과 이상향·문화사와 이상사회론·사상과 이상사회의 세부과제를 설정하였고, 지식인상 연구팀은 지리산권의 지식인의 사상·문학·실천에 관한 연구를 진행하였습니다. 그리고 생태와 지리 연구팀은 지리산권의 자연생태·인문지리·동아시아 명산문화에 관해 연구하고, 문화콘텐츠 개발팀은 세 팀의 연구 성과를 DB로 구축하여 지리산권의 문화정보와 휴양정보망을 구축하였습니다.

　본 연구단은 2007년부터 아젠다를 수행하기 위해 매년 4차례 이상의 학술대회를 개최하고, 학술세미나·초청강연·콜로키움 등 다양한 학술활동을 통해 '지리산인문학'이라는 새로운 학문영역을 개척하였습니다. 또한 중국·일본·베트남과 학술교류협정을 맺고 '동아시아산악문화연구회'를 창립하여 매년 국제학술대회를 개최하였습니다. 그 과정에서 자료총서 32권, 연구총서 10권, 번역총서 8권, 교양총서 7권, 마을총

서 1권 등 총 50여 권의 지리산인문학 서적을 발간한 바 있습니다.

이제 지난 8년간의 연구성과를 집대성하고 새로운 연구방향을 개척하기 위해 지리산인문학대전으로서 기초자료 10권, 토대연구 10권, 심화연구 10권을 출판하기로 하였습니다. 기초자료는 기존에 발간한 자료총서 가운데 연구가치가 높은 것과 새롭게 보충되어야 할 분야를 엄선하여 구성하였고, 토대연구는 지리산권의 이상향·유학사상·불교문화·인물·신앙과 풍수·저항운동·문학·장소정체성·생태적 가치·세계유산적 가치 등 10개 분야로 나누고 관련 분야의 우수한 논문들을 수록하기로 하였습니다. 그리고 심화연구는 지리산인문학을 정립할 수 있는 연구와 지리산인문학사전 등을 담아내기로 하였습니다.

지금까지 연구단은 지리산인문학의 정립과 우리나라 명산문화의 세계화를 위해 혼신의 힘을 다해 왔습니다. 하지만 심화 연구와 연구 성과의 확산에 있어서 아쉬운 점도 없지 않았습니다. 이번 지리산인문학대전의 발간을 통해 그 아쉬움을 만회하고자 합니다. 우리 연구원 선생님의 노고가 담긴 이 책을 통해 독자 여러분들이 지리산인문학에 젖어드는 계기가 되리라 기대합니다.

끝으로 이 책이 출간되기까지 수고해주신 본 연구단 일반연구원 선생님들, HK연구원 선생님들, 그리고 외부에서 참여해주신 필자선생님들께 깊이 감사드립니다. 또한 이 자리를 빌려 이러한 방대한 연구활동이 가능하도록 재정적 지원을 해주신 정민근 한국재단이사장님, 박진성 순천대 총장님과 이상경 경상대 총장님께도 고맙다는 말씀을 드립니다.

2016년 7월
국립순천대·국립경상대 인문한국(HK) 지리산권문화연구단
단장 남호현, 부단장 장원철

지명은 땅과 지역의 특성을 가장 일차적으로 드러내고 있는 얼굴이다. 거기에는 땅의 모양과 장소적 성격이 반영되어 있고 이름을 붙이고 불렀던 당시 사람들의 지리적인 사고가 담겨 있다. 지명은 자연적 특성뿐만 아니라 사회적, 정치적 속성도 반영하고 있으며, 역사와 시대에 따라 변천하는 역사지리적 성격을 지니고 있다. 지명은 사용하는 사회적 주체들에 바뀌기도 하고 의미와 영역도 변천하여 왔다.

이러한 지명의 역사지리적 성격을 가장 잘 반영하고 있는 자료가 지리지, 고지도, 유산기이다. 지리지·고지도가 관과 지역공동체가 주도해 의도적으로 만든 공식적인 자료라면, 유산기는 개별 민간 지식인이 자유롭게 기술한 비공식적인 자료의 성격을 갖는다. 두 자료는 조선 초기부터 후기까지 걸친 시계열적인 단면을 이루고 있고, 당시의 지명 현황을 반영하고 있으므로 이들 자료를 연대순으로 대비, 분석함으로써 지명의 변천 상황을 파악할 수 있다.

『지리산권 지명의 역사지리』는 지리산에 접해 있는 남원, 구례, 하동, 함양, 산청 등의 5개 시군을 대상으로 주요 행정지명과 산지지명을 중심으로 지리지·고지도·유산기 자료를 통해 역사지리적인 시선으로 서술한 것이다.『한국지명유래집』(국토지리정보원)의 전라·제주편(2010)과 경상편(2011)과 실린 것을 모아『지리산인문학대전』

의 체재에 맞게 새로 편집하였다. 이 책이 담고 있는 지명 대상은 제한되어 있지만, 지리산권의 지명에 관해 역사지리적 연구 방법론과 해석의 지평을 제시했다는 데 의의가 있다. 앞으로 지리산권 지명에 대한 본격적인 데이터베이스 구축 및 역사지리적 연구에 하나의 초석이 될 수 있기를 바란다.

2016년 7월
최원석

지리산권 지명의 역사지리

국립순천대 · 국립경상대
인문한국(HK) 지리산권문화연구단 엮음

도서출판 선인

제1부

경상남도 하동

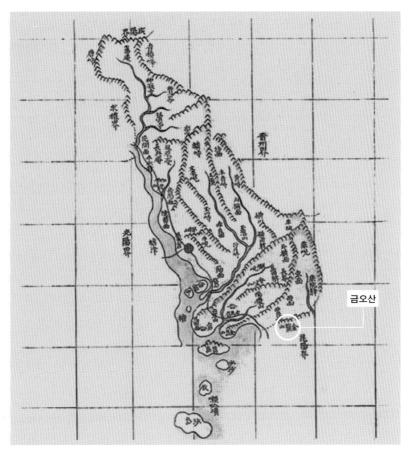

금오산

▲『조선지도』(하동)의 금오산

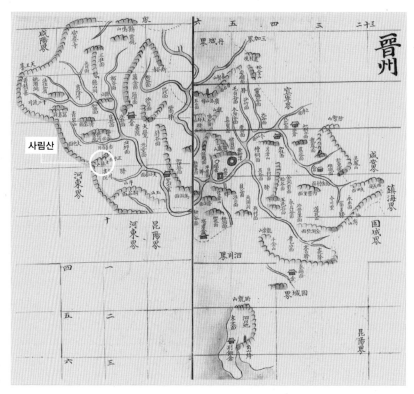

▲『해동여지도』(진주)의 사림산

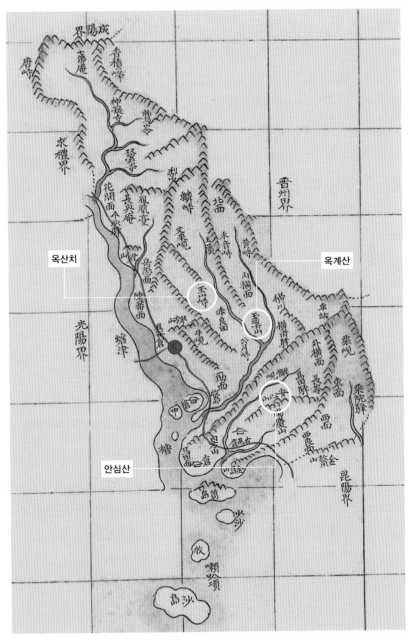

옥산치

옥계산

안심산

▲『해동여지도』(하동)의 옥산치, 안심산, 옥계산

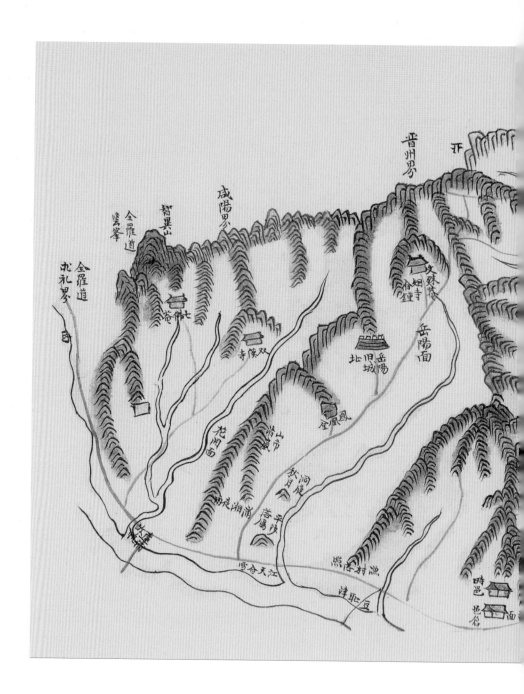

이맹산

양경산

▲『해동지도』(하동)의 이명산(이맹산), 양경산

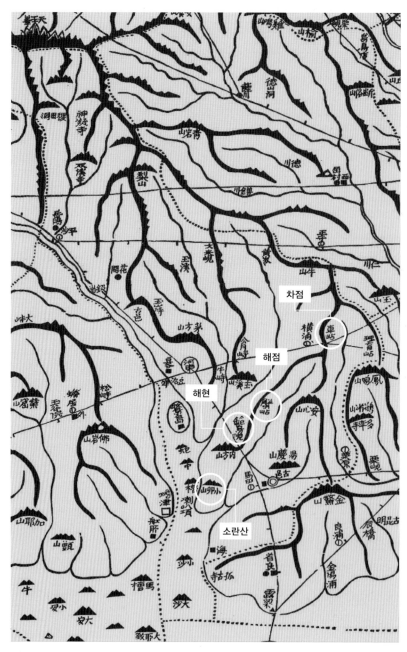

▲ 『대동여지도』의 게재(게고개, 해현), 내맥(來脈), 소란산

—

경상남도 하동

—

하동군 Hadong-gun

도의 서남쪽 끝에 위치하고 있는 군이다. 동쪽으로는 진주시와 사천시에 접하고, 서쪽으로는 지리산과 섬진강을 사이에 두고 전라남도와 마주하였다. 남쪽으로 한려해상국립공원인 남해바다를 품고 남해군과 마주하며, 북쪽으로는 백두대간의 종점인 지리산을 등지고 함양, 산청과 접하고 있다. 『신증동국여지승람』(하동)에는 하동군의 입지를 "산을 지고 바다에 임했다. 한쪽은 넓디넓은 푸른 바다와 닿아 있고, 삼면은 높고 높은 푸른 산이 솟아 있다."고 기재하였다. 주요 하천으로서 덕천강, 횡천강, 섬진강이 서북에서 남동방향으로 흐른다. 하동군은 경상도와 전라도의 접경지역으로서 교통의 요지이자 지리적 요충지였으며 도로와 시장이 발달하였다.

하동군이라는 지명이 처음 사용된 것은 신라 경덕왕 때부터이다.

『삼국사기지리지』에 "하동군은 본래 한다사군(韓多沙郡)으로, 경덕왕이 개명하여 지금도 그대로 되어 있다."는 기록이 있다. 『고려사지리지』에는 "고려 현종 9년에 본 진주목에 소속시켰으며…청하(淸河)라고도 부른다."고 하여, 고려시대에는 하동이 청하현이라고 칭해졌으며 진주목에 속하였음을 알 수 있다. 그리고 『신증동국여지승람』의 기록에는 "조선 태종 때에 남해현을 합쳐서 하남현(河南縣)이라 부르고…."라 한 것으로 보아 하남현이라고도 불렸음을 확인할 수 있다. 1704년(숙종 30)에 하동도호부로 승격되었다. 1895년에는 진주부 하동군이 되었으며, 1906년에는 진주군의 청암면과 옥종면을 편입시켰다. 1915년에는 전남 광양군 다압면 섬진리 일부를 편입시켰고, 1933년에는 금양면의 일부와 남면을 통합하여 금남면으로 개칭하였다. 1938년에는 하동면이 하동읍으로 승격하여 1읍 11면이 되었다. 1989년에 금남면 갈사출장소가 금성면으로 승격되어 1읍 12면이 되었다. 하동군은 현재 1읍 12면에 108개 법정리, 319개 행정리, 520개 반 580개 자연마을이 있다.

하동읍 Hadong-eup

하동군의 1읍 12면 중의 1읍이다. 군의 서부에 위치하고 있다. 동쪽은 적량면과 고전면, 서쪽은 전남 광양시 다압면, 남쪽은 광양시 진월면, 북쪽은 악양면과 접한다. 하동읍의 북쪽으로는 지리산의 삼신봉에서 칠성봉과 구재봉으로 이어지는 연맥이 뻗어 있고, 서쪽에는 백운산 연맥의 억불봉과 매봉이 우뚝 솟아 있으며, 남쪽으로는 섬진강이 서북쪽에서 흘러들어와 하동읍을 에워싸고 흐르면서 동남쪽으로 빠져나간다. 하동읍은 신라시대에 진답향으로 일컬어졌다. 조선시대에 진답리와 진답면으로의 변화를 거쳤다. 1906년에 진답면은 덕양면으로 개칭되었다. 1914년에 하동군 덕양면·팔조면과 전라남도 광양군 다압면 일부를 통합하여 덕양면이라고 불렀다. 1933년에 덕양면을 하동면으로 개칭하였고, 비파리(琵琶里), 광평리(廣坪里), 읍내리(邑內里), 두곡리(豆谷里), 화심리(花心里), 흥룡리(興龍里), 목도리(牧島里), 신기리(新基里)로 구성되었다. 1938년 10월 1일 자로 하동읍으로 승격하여 오늘에 이른다. 하동현의 읍기는 1703년(숙종 29) 이후 하동읍의 관내인 소재(牛峙), 두곡(豆谷), 고동골(螺洞), 항촌(項村) 구학당(龜鶴堂)의 순서로 이동하였고, 1937년에 군청을 구학당에서 하동읍 읍내리로 옮겼다. 하동읍은 읍내리·광평리·비파리 등 8개 법정리와 35개의 자연마을로 이루어져있다.

고전면 Gojeon-myeon

하동군의 남부에 위치하고 있는 면이다. 동쪽으로 진교면과 양보면, 서쪽으로 섬진강을 사이에 두고 전라남도 광양시 진월면, 남쪽으로 금남면과 금성면, 북쪽으로 양보면과 적량면에 접해 있다. 면의 북쪽으로 정안산을 등지고 경계를 이룬다. 서부 가장자리로 섬진강이 북쪽에서 남쪽으로 흐른다. 북부 산지에서 발원하여 면 가운데를 종단하는 고전천은 남쪽으로 흐르다가 주교천을 만나고, 서쪽으로 방향을 돌려 흘러서 섬진강에 합수한다. 1914년에 하동군 고현면(古縣面)·마전면(馬田面)·팔조면(八助面) 일부를 통합하고, 마전과 고현의 이름에서 한 글자씩을 따 고전면(古田面)이라 하였다. 고하리(古河里)·대덕리(大德里)·명교리(銘橋里) 등 8개 법정리를 관할하여 현재에 이르고 있다.

금남면 Geumnam-myeon

하동군의 남부에 위치하고 있는 면이다. 동쪽으로는 남해 바다와 접해있고, 서쪽으로 금성면과 이웃한다. 남쪽으로 바다 건너 남해도와 마주한다. 북쪽으로 금오산을 경계로 진교면과 접하고, 서북쪽으로는 고전면과도 연접한다. 금오산에서 발원한 하삼천과 진정리의 용산에서 발원한 진정천이 북쪽으로 흘러 주교천에 합류한다. 면의 동쪽은 금오산으로부터 큰설산, 연대봉으로 이어지는 산줄기가 형성되어 있고 구릉성 산지들이 분포한다. 남해 바다에 면한 해안 일대는 간척된 넓은 평야지대가 있다. 1914년에 곤양군 금양면 지역이 하동군 금양면이 되고, 곤양군(昆陽郡) 서면(西面)과 하동군 마전면(馬田面)의 일부를 통합하여 남면(南面)으로 하였다. 1933년에 금양면(金陽面)의 일부(노량리 · 대치리 · 중평리 · 술상리)를 편입하며 남면과 금양면의 이름에서 한 글자씩을 따 금남면(金南面)으로 고치게 되었다. 1986년에는 가덕 · 갈사 · 고포 · 궁항 등 4개 동리를 관할하는 갈사출장소를 설치하였고, 1989년에는 술상리를 하동군 진교면(辰橋面)으로 분리하였으며 곧이어 갈사출장소를 하동군 금성면(金城面)으로 분리 · 승격시켜 9개 동리를 관할하며 현재에 이르고 있다. 금남면은 계천리(鷄川里) · 노량리(露梁里) 등 9개 법정리를 관할하고 22개 행정리가 속해 있다.

금성면 Geumseong-myeon

하동군의 남부 서쪽 끝에 위치하고 있는 면이다. 동쪽으로 금남면과 접하고, 서쪽으로 섬진강을 사이에 두고 전남 광양시 진월면과 마주한다. 남쪽으로는 남해를 사이에 두고 남해군을 바라보고, 북쪽으로 고전면과 접해있다. 면의 북쪽으로 두우산에서 용산으로 이어지는 연맥이 분수계를 이루어 남쪽과 북쪽으로 소하천의 흐름이 나뉜다. 남쪽의 평야지대는 원래 해안이었으나 간척을 통해 육지의 평야지대로 변하였다. 조선시대에 곤양군(昆陽郡) 서면(西面)과 하동군 마전면(馬田面) 지역이었다. 1914년 일제에 의한 행정구역 통폐합 때 서면과 마전면의 동리가 합쳐 하동군 남면(南面)에 소속되었다. 1933년에 남면이 하동군 금양면(金陽面)의 일부 동리를 편입하며 금남면(金南面)으로 개칭하여 속하게 되었다. 1986년에 가덕리(加德里)·갈사리(葛四里)·고포리(高浦里)·궁항리(弓項里) 등 4개 동리를 관할하는 금남면 갈사출장소를 설치하였다. 1989년에 다시 갈사출장소를 하동군 금성면(金城面)으로 분리·승격시켜 현재에 이르고 있다. 금성면이라는 이름은 면의 남쪽 섬진강 하구와 남해 바다가 만나는 갈사만(葛四灣)으로도 알려진 금성만(金城灣)에서 유래한 지명으로 보인다.

북천면 Bukcheon-myeon

군의 동부에 위치한 면이다. 동쪽으로 사천시 곤명면과 접하고, 서쪽으로는 횡천면과 접한다. 남쪽으로 이명산을 경계로 진교면 및 양보면과 접하며, 북쪽으로는 옥산을 경계로 옥종면에 접한다. 지리산 주능선의 삼신봉에서 이어진 옥산과 백마산을 등지고 있고, 계명산, 봉명산, 이명산을 마주하고 있다. 물길은 서북쪽으로부터 흘러나온 곤양천이 면소재지 부근에서 북천천 및 직천천과 만나 동남쪽으로 흘러나간다. 1906년에 진주목 대야천면이 하동군에 병합되었고, 1914년에 하동군 대야면·북면과 곤양군 초량면 일부를 통합하여 북천면이 되었다. 북천면(北川面)이라는 지명은 북면(北面)과 대야천면(大也川面)에서 한 글자씩을 조합하여 새로 만든 것이다. 1914년의 행정구역 개편 이후 북천면은 화정리(花亭里)·서황리(西黃里) 등 7개 벚정리로 통폐합되었다.

악양면 Akyang-myeon

군의 북부 서편에 위치하고 있는 면이다. 동쪽으로 청암면과 적량면, 서쪽으로 구례군 화개면, 남쪽으로 하동읍 및 섬진강을 건너 광양시 다압면과 마주하고 있으며, 북쪽으로는 청암면 및 화개면 접한다. 북쪽으로 지리산의 삼신봉에서 뻗어 나온 거사봉을 등지고, 동쪽의 칠성봉과 구재봉, 서쪽의 형제봉 지맥이 양면을 좌우로 에워싸여 있다. 산에 둘러싸인 가운데에 비옥한 토질의 분지와 들판(악양뜰)을 형성하였다. 북쪽 산지에서 발원하여 면을 종단하며 남쪽으로 흐르는 악양천은 노덕천, 신성천, 하덕천의 지류와 합수하여, 면의 남부 가장자리에서 동남쪽으로 흐르는 섬진강에 이어진다. 악양면(岳陽面)의 명칭은 757년(경덕왕 16) 때의 악양현(嶽陽縣)이라는 이름에서 유래되었다. 『삼국사기지리지』에 "악양현(嶽陽縣)은 경덕왕이 개명하여 지금도 그대로 되어 있다."는 기록이 있다. 고려 현종 9년(1018)에 진주에 이속되었고, 조선 숙종 28년(1702)에 하동에 이속되어 악양면이라 하여 15개 리를 관할하였다. 1914년 하동군 악양면·화개면·덕양면 일부를 통합하여 악양면이 되었다. 악양면은 미점리·축지리·신대리 등의 14개 법정리를 관할하고 30개 자연마을로 이루어져 있다.

양보면 Yangbo-myeon

군의 동남부에 위치하고 있는 면이다. 동쪽으로 진교면, 남쪽으로 고전면과 진교면과 접하며, 서쪽은 정안산을 경계로 횡천면과 적량면에 맞닿아 있고, 북동쪽으로는 북천면과 접하고 있다. 면의 지형은 북쪽이 높고 남쪽이 낮으며, 지세가 완만하다. 북동부 산지에서 발원한 통정천, 박달천, 지례천이 서남쪽으로 흐르다가, 면의 북부에서부터 발원하여 남쪽으로 흐르던 주교천(舟橋川)과 만나 고전면 방향으로 흘러 섬진강으로 이어진다. 통일신라 신문왕 때의 양보면은 한다사군(韓多沙郡)에 속한 외횡보면(外橫甫面)과 서양곡면(西良谷面)이였다. 고려와 조선시대를 거치고 1914년의 행정구역 통폐합으로 서량곡면과 내횡보면·외횡보면 일부를 병합하여 양보면(良甫面)으로 개칭되어 오늘에 이르고 있다. 양보면은 7개 법정리를 관할하고 28개 행정리로 이루어졌다.

옥종면 Okjong-myeon

군의 동북부에 위치하고 있는 면이다. 동쪽으로 진주시 수곡면, 서쪽으로 청암면, 남쪽으로 옥산을 경계로 북천면과 맞닿아 있고, 북쪽으로 주산을 경계로 산청군 시천면과 접하고 있다. 옥종면의 동편으로는 지리산의 삼신봉에서 연원하여 주산에서 이어진 사림산, 월봉산, 옥산의 연맥이 병풍처럼 펼쳐지고, 동남쪽 방향에는 고성산과 백마산이 솟았다. 면의 서부 산지에서 발원한 호계천과 북방천이 동쪽으로 흐르다가, 면의 동쪽 가장자리를 서북쪽에서 남동쪽으로 흘러나가는 덕천강에 합류하며, 그 사이에서 형성된 유역의 들판이 펼쳐져 있다.

1906년에 진주군 운곡면에서 하동군으로 편입되었다. 1914년에 하동군 운곡면·북평면·정수면 일부를 통합하여 옥동면이 되고, 하동군 가서면·종화면 일부를 통합하여 가종면이 되었다. 1933년 옥동면과 가종면의 전역을 통합하여 옥종면이 되었다. 옥종면이라는 명칭은 옥동면과 가종면을 통합하면서 한 글자씩을 조합한 새 이름이다. 1955년에 옥종면 원계리가 진양군에 편입되었다. 1983년에 옥종면 중대리가 산청군 시천면에 편입되었다. 1989년에 옥종면 병대리 일부를 병천리에 편입하였다. 2000년에 옥종면 두양리 일부를 산청군 단성면에 편입하였다. 2003년에 청암면 궁항리·위태리·회신리가 옥종면에 편입되었다.

적량면 Jeokryang-myeon

군의 중부에 위치하고 있는 면이다. 동쪽으로 횡천면, 서쪽으로 하동읍, 남쪽으로 횡천강을 경계로 고전면과 접하고, 북쪽으로는 구재봉을 경계로 악양면과 청암면에 접해 있다. 면의 북쪽과 동서쪽으로 산줄기가 병풍처럼 둘러쳐져 있으며, 북쪽과 서북쪽 산지에서 발원한 강화천과 남사천이 북쪽에서 남쪽으로 면을 종단하며 흐르다가, 면의 남부 가장자리를 동북쪽에서 서남쪽으로 곡류하는 횡천강에 합류한다.

『세종실록지리지』(순천도호부)의 부곡(部曲) 항목에 '적량(赤良)'의 기록이 있으며, 『해동지도』(하동부), 『조선지도』(하동), 『해동여지도』(하동) 등의 고지도에서 적량면(赤良面)이 표기되었다. 본래 진주목(晉州牧)에 속했다가 1702년(숙종 28) 하동군 적량면(赤良面)으로 편입되었다. 1914년에 하동군 적량면과 팔조면(八助面)의 일부를 통합하여 적량면이라 하고, 고절리(高節里)·관리(館里) 등 6개 동리를 관할하여 현재에 이르고 있다.

진교면 Jingyo-myeon

　군의 동남쪽 끝에 자리하고 있다. 동쪽으로 사천시 곤양면과 서포면, 서쪽으로 양보면과 고전면, 남쪽으로 금남면, 북쪽으로 이명산을 경계로 북천면과 접한다. 동남쪽으로는 바다로 이어진다. 면의 북쪽으로는 봉명산과 이명산이, 서남쪽으로는 금오산이 우뚝 솟아 있다. 동남쪽으로는 남해 연안으로 바다와 접한다. 관곡천이 북서쪽에서 면을 가로지르고 남쪽 아래에서 고이천 및 고룡천과 만나 남해바다로 흘러 들어간다. 1914년에 하동군 동면·고현면과 곤양군 금양면 일부를 통합하여 동면이 되었다. 1918년에 동면(東面)을 진교면으로 개칭하였다. 1933년에는 금양면(현 금남면)의 안심리·고룡리·양포리가 편입되었다. 1963년에는 9개 리 30개 마을로 개편하였다. 1989년에는 금남면 술상리가 편입되었다. 1995년에는 안심리 신안마을이 분동됨으로써 10개 리 33개 마을로 구성되었다. 진교라는 지명 유래에 관해, 옛 지명은 민다리였는데, 일제에 의해 한자로 개명되는 과정에서 '민'이 미리(辰)가 되고, 여기에 하평마을 앞에 고룡천을 건넜던 돌다리의 '교(橋)' 글자가 합성된 것이라고 전해진다.

청암면 Cheongam-myeon

　군의 북부에 위치한 면이다. 동쪽으로 옥종면, 서쪽으로 화개면과 악양면, 남쪽으로 적량면 및 횡천면과 접한다. 지리산의 연맥인 삼신봉, 관음봉, 거사봉이 면의 북쪽에 둘러있고, 산지에서 발원한 횡천강이 북동쪽에서 남서쪽으로 면의 가운데를 구불거리며 흐른다. 북쪽 산지에는 지리산 청학동이 있다고 전해질 정도로 자연환경이 수려하

고 비경이 펼쳐진다. 고려시대에는 살천촌(薩川村)·시천촌(矢川村) 또
는 시천부곡(矢川部曲)이라하다가 조선 초에 진주목 살천현이 되었고,
1703년에 진주목 청암면으로 개편되었다. 1906년에는 하동군 청암면
으로 이속되었다. 1914년의 행정구역 개편 이전의 청암면은 전대동
(田垈洞)·시평동(矢坪洞)·명호동(明湖洞) 등으로 구성되었다. 1914년
의 행정구역 개편 이후 청암면은 묵계리(默溪里)·상이리(上梨里)·중
이리(中梨里) 등 8개 리로 통폐합되어 현재에 이른다. 청암면의 청암
(靑岩)이라는 명칭은 청암면 계곡 일대에 푸른 빛깔을 내는 바위가 많
아서 붙여진 이름이라고 전해진다.

화개면 Hwagae-myeon

군의 북서부에 위치하는 면이다. 동쪽으로 형제봉을 경계로 악양면
과 청암면에 접한다. 화개면은 고려시대부터 지리산 청학동이 있는
골짜기로 알려졌다. 면의 북쪽에는 지리산의 주능선이 펼쳐지고, 동
쪽으로는 삼신봉과 거사봉을, 서쪽에는 황장산과 촛대봉이 면을 에워
싸고 있다. 북부산지에서 발원한 화개천이 범왕천, 대비천 지류와 합
류하여 면을 관통하며 남쪽으로 흐르다가, 면의 남쪽 가장자리를 흐
르는 섬진강과 만난다. 화개라는 명칭의 유래를 살피면, 세종 9년
(1425)에 편찬된 『경상도지리지』에 의하면, '화개(花開) 곡사(谷司)'로
나오며, 단종 2년(1454)에 발간된 『고려사지지리』에는 화개 부곡(部
曲)으로 바뀌어 조선시대까지 이어졌고, 화개현이라는 명칭도 생겨났
다. 고려시대에 화개면은 진주목에 속해 있었다. 조선 순조 25년(1825)
에 화개 상·하면을 합하여 화개면을 설치하였다. 화개면은 부춘리,
덕은리, 탑리 등 9개 법정리와 20개의 자연마을로 이루어져있다.

횡천면 Hoengcheon-myeon

군의 가운데에 위치하고 있는 면이다. 동쪽으로 북천면과 진교면, 서쪽으로 청암면과 적량면, 남쪽으로 양보면, 북쪽으로 청암면, 옥종면과 접한다. 북쪽, 동쪽, 서쪽은 산지를 형성하고 있다. 북부 산지에서 발원하여 남쪽으로 흐르는 여의천이, 면의 가운데서 곡류하며 남쪽으로 흐르는 횡천강과 합류한다.

횡천면은 1914년 행정구역 개편 이후에 생긴 이름으로, 횡촌 혹은 횡계촌이라는 옛 지명에서 유래된 이름이다. 삼한시대에는 횡촌, 삼국시대에는 횡계촌으로 부르다가 숙종 30년(1704)에는 내횡보면이 되었다. 1914년 행정구역 개편 전의 횡천면은 내횡보면(內橫甫面)으로서, 원동(院洞)·학동(鶴洞)·상남동(上南洞) 등으로 이루어졌다. 1914년 행정구역 개편 이후에 횡천면은 전대리(田垈里)·애치리(艾峙里)·여의리(如意里) 등 7개 리로 통폐합되었다.

자연 지명

고성산 高城山 Goseongsan

군의 옥종면 대곡리와 북방리 일대에 걸쳐 있는 산이다(고도: 18m). 대성산의 북사면과 남사면 기슭에는 북방천과 불무천이 가로질러 동쪽으로 흐르다가, 북동~남서 방향으로 흐르는 덕천강과 합류한다. 대성산 기슭의 주변으로는 농경지를 끼고 여러 자연마을이 형성, 발달하였다. 고성산 동쪽으로 덕천강 사이에는 북방들이라고 일컫는 넓은 평야가 형성되었다. 조선시대 하동의 관찬지리지와 군현지도에서는 고성산에 대한 기록이 없지만, 동학농민군의 항일전쟁 유적지로 유명하다. 1894년 11월 11일, 서부경남 지역의 동학혁명군 5천여 명은 고성산에서 일본군과 처절한 격전을 벌였으나 일본군의 신식무기에 밀려 많은 희생자를 내었다.

금오산 金鰲山 Geumosan [異] 소오산, 세오산, 세음산, 병요산(瓶要山)

　군의 금남면 중평리와 진교면 양포리에 걸쳐 있는 산이다(고도: 875m). 다른 이름으로는 소오산, 새오산, 세음산 혹은 병요산(瓶要山)이라고도 불렀다. 지리산에서 동남쪽으로 뻗은 산줄기로서, 옥산에서 분기한 산줄기가 이명산을 거쳐 섬진강에 이르기 전에 솟았다. 『신증동국여지승람』(하동)에 "금오산(金鰲山)은 현 남쪽 3리 지점에 있는데 산 동남쪽은 곤양군 경계이다."라는 기록이 있다. 『여지도서』(하동)에 "금오산은 이맹점(理盲岾)에서 왔다."는 말도 덧붙이고 있다. 『조선지도』(하동), 『해동여지도』(하동) 등에도 곤양의 경계 부분에 금오산이 그려져 있다. 『대동여지도』에는, 지리산의 천왕봉에서 동남쪽으로 맥을 뻗어내려 우산(牛山)과 안심산(安心山)을 거쳐 금오산으로 이르는 맥과, 금오산에서 섬진강과 남해로 뻗는 지맥들이 잘 표현되어 있다. 금오산에는 고려 때 왜구를 막기 위해 축성했다는 산성터가 있고, 봉화터와 봉수대의 형태도 잘 남아있다. 금오산 마애불은 바위굴 암벽에 새긴 불상이다. 금오산 북쪽의 진교면 안심동에는 정여창 선생의 태봉(胎峰)이 있다는 말이 전하며, 동쪽의 금남면 중평리에는 임진왜란 때 활약한 정기룡 장군의 생가가 있다.

두우산 頭牛山 Duusan

군의 금성면 고포리와 궁항리에 걸쳐 있는 산이다(고도: 191m). 금오산이 서쪽으로 뻗어 섬진강에 이른 지맥의 자락 끝에 있다. 산 서쪽으로는 광양시 진월면을 경계로 섬진강이 북쪽에서 남쪽으로 흘러나가다 남해에 이른다. 산에는 봉화대와 산성이 있다. 산 남쪽에 고포리(高浦里)가 있으며, 고포리에는 용포마을과 고포마을이 입지하였다. 조선시대 하동의 관찬지리지와 군현지도에는 두우산이 표기되어 있지 않다. 두우산 일대는 한국전쟁 당시까지 절구통과 맷돌의 생산지로 이름났던 곳이기도 하다. 두우산 능선에 있는 장군발자국이라고 있으며 여기에 다음과 같은 전설이 있다. "옛날 장자골에 장씨 성을 가진 거인이 살았는데 힘이 좋아 큰 바위를 들어 길을 만들곤 했다. 이 거인은 글을 몰라 한탄하다가 두우산 정상으로 올라가 며칠간 고함을 지르다가 결국에는 섬진강에 빠져죽었다."

사림산 士林山 Sarimsan [異] 가사산

군의 옥종면 월횡리·안계리·위태리에 걸쳐 있는 산이다(고도: 574m). 사림산의 옛 이름은 가사산이다. 산의 동쪽으로는 안계리, 남쪽으로는 위태리가 위치하였다. 사림산은 비룡산, 두방산, 흰덤산으로 이어지는 연속적인 산줄기에서 동쪽으로 뻗은 맥이다. 산의 남쪽으로는 월봉산과 마주한다. 사림산 남쪽으로 마주한 호계천은 재산과 주산, 사림산으로 이어지는 산지와 옥산과 월봉산으로 이어지는 산지 사이의 골짜기로 곡류하며, 동쪽으로 흐르다 선동천과 합수한 후 덕천강과 만난다. 『여지도서』(하동)에 "사림산은 진주 서쪽 50리 지리산 아래에 있다."고 기재하였다. 『하동지』에는 "군의 북쪽에 있다. 동쪽 산록 아래에 모한재(慕寒齋)가 있다."고 기록하였다. 『해동여지도』(진주)에는 하동의 경계 부위에 사림산이 그려져 있다. 사림산이라는 명칭의 유래에 관해, 옥종면 안계리 출신으로 남명 조식의 학풍을 이어받은 겸재(謙齋) 하홍도(河弘度, 1593~1666)가 이 산 기슭에서 모한재를 지어 제자들을 가르친 이후, 사람들이 사림산이라고 불렀다고 한다. 또한, 임진왜란 당시에 피난 온 선비들이 많아 숲을 이루었다고 하여 사림산이라고 했다는 말도 전해진다. 정상부에는 임진왜란 때에 축성된 것으로 추정되는 석성의 유적이 있다.

옥산 玉山 Oksan

옥종면 청룡리·양구리·정수리에 걸쳐 있으며 북천면과 경계를 이루고 있는 산이다(고도: 614m). 옥산의 동쪽으로 넓은 들판과 옥종면 소재지가 있고, 그 너머로 덕천강을 마주하고 있다. 『세종실록지리지』(진주)에, "옥산(玉山)은 주(州) 서쪽에 있다. 가뭄을 만날 때마다 산 위에서 제사를 베풀고 섶[柴]을 태우면, 곧 비가 온다."고 기록하였다. 『진양지』에 "옥산은 진주의 서쪽 50리에 있으니 지리산의 한 갈래가 서쪽으로 구부러져 동쪽으로 이 산이 되었다. 진주의 기우단이기도 하다."고 기록하였다. 『조선지지자료』를 보면, 옛 옥종면에 소속된 정수면(正水面) 산명(山名)의 하나로서 옥산(玉山)이라는 명칭을 확인할 수 있다. 『대동여지도』에 옥산이 표시되었고, 『비변사인방안지도』(하동), 『조선지도』(하동), 『해동여지도』(하동), 『광여도』(하동) 등에 옥산치(玉山峙)가 표기되었다. 『대동여지도』에는 옥계(玉溪)와 옥산치(玉山峙)가 표기되었다. 옥산 동사면 기슭의 정수리에는 옥산서원(玉

山書院)이 있다. 옥산 골짜기인 청수천의 상류에 시례동천(詩禮洞天)과 청계동문(淸溪洞門)이라고 조각한 석문이 있고, 옛 옥계정사의 터에는 수정암(水精庵)이 있다고 한다. 옥산에 대해 다음과 같이 지역민에 회자되는 전설이 있다. "옛날 옥황상제가 남도의 명산은 지리산으로 모이라고 명령하였다. 진주 근방에서 행세하던 옥산은 지리산의 명산 대열에 합류하고자 뚜벅뚜벅 걸어갔다. 옥종에 이르렀을 쯤 통샘에 물 길러 가던 처녀가, 저기 산이 걸어간다고 말하자, 처녀 말에 움찔한 옥산은 그만 그 자리에 얼어붙어 지리산에 가지 못하고 옥종면의 진산이 되었다."고 한다. 옥산의 정상에는 석실이 있고, 그 안에 철마(鐵馬)가 있었다고도 전한다.

우방산 牛芳山 Ubangsan [異] 두방산

군의 옥종면 두양리와 북천면 중태리에 걸쳐 있는 산이다(고도: 494m). 우방산에서 남쪽으로 정개산, 사림산, 옥산으로 산줄기가 이어지고, 북쪽으로는 비룡산, 함미봉으로 이어지는 남북 방향의 산줄기가 발달하였다. 산 서쪽으로는 오대주산이 마주하였다. 우방산에서 연원한 두양천(斗陽川)이 두양마을 앞을 가로지르고 동쪽으로 흘러나가서 덕천강과 만난다. 두양천과 덕천강 유역에는 농경지가 형성되었고, 우방산 동편으로 두양리가 입지하였다. 조선시대 하동의 관찬지리지와 군현지도에서는 우방산에 대한 기록이 없다. 우방산에서는 고려시대의 강민첨(姜民瞻, ?~1021) 장군이 배출되었고, 조선시대의 모산 최기필(崔琦弼, 1562~1593)과 죽당 최탁(崔琢, 1587~1652), 굴하 최식민(崔植民, 1831~1891)과 계남 최숙민(崔琡民) 형제, 두산 강병주(姜柄周, 1839~1909)와 수당 강석홍(姜錫洪) 등의 유학자들이 다수 배출되었다.

이명산 理明山 Imyeongsan [異] 이맹산

군의 진교면 월운리·북천면 직전리에 걸쳐 있으며 사천시 곤양면의 경계에 위치한 산이다(고도: 570m). 『해동지도』(하동), 『해동여지도』(하동), 『광여도』(하동) 등의 고지도에도 이맹산이 그려져 있다. 『대동여지도』에는 이맹점이 봉명산 위쪽에 표기되었다. 『하동지』에 의하면, "지리산 한 맥으로 시루봉(甑峰), 닭구봉(鷄峰), 차일봉, 깃대봉(旗峰)과 병립하고 있다."고 하였다. 이맹점에는 이맹굴(理盲窟)이 있었다고 『신증동국여지승람』(하동)에는 기록하였으며, 『여지도서』(하동)에는 "지금은 없다"고 한 것으로 보아 18세기 중엽이전에 없어졌음을 알 수 있다. 이맹점에는 용지(龍池)가 있어서 마을 사람들 중에 맹인들이 많이 나고 두려움의 대상이었는데, 경주의 사례를 적용하여 산의 용을 진압함으로써 방지했다는 내용의 전설이 있다. 용지는 이명산의 서편에 위치한 달구봉에 있는데, 화철석을 달구어 넣은 곳이라 하여 달군봉이라고 하였던 것이 달구봉으로 불리우고 한자로는 계봉(鷄峯)이 되었다. 『신증동국여지승람』(하동)에 "동경(東京)의 비보(裨補山) 꼭대기에 용지(龍池)가 있어 동경 사람들 중에 맹인이 많으므로 이 산에 화철석(火鐵石)을 넣었더니, 용이 곤양 진제(辰梯) 밑 깊은 소로 옮겨 간 뒤부터는 맹인이 되지 않았다 한다."는 관련 기록이 있다.

정개산 鼎蓋山 Jeonggaesan [異] 소두방산

군의 옥종면 두양리에 있는 산이다(고도: 520m). 다른 이름으로는 소두방산이라고도 부른다. 옥종면 북쪽에 위치한 산으로 동편으로는 두양리와 종화리에 인접하고 있다. 우방산, 정개산, 사림산, 옥산의 산줄기가 남북으로 발달하였다. 정개산에서 발원한 종화천(宗化川)은 동쪽으로 흘러 덕천강과 만난다. 산의 정상부에는 정개산성이 있으며, 동서남북의 성문터와 우물터 등의 유적이 있다. 조선시대 하동의 관찬지리지와 군현지도에서는 정개산에 대한 기록은 없고, 정개산성이 소개되어 있다. 『진양지』에는 정개산성에 관해, "모방곡(茅芳谷)의 정개산에 있다. 1596년에 체찰사 이원익이 진주목사 나정언에 명하여 향병(鄕兵)을 모아 책(冊)을 산 위에 설치하고 돌과 흙을 섞어서 쌓는데 형세가 험하고 높아서 적을 막을 만하였다. 1597년에 정유재란에 기계가 아직 갖추지 못했을 때 왜병이 줄지어 닥쳐서 지킬 수 없었다. 빠르게 쌓다가 곧 폐했다."고 기록하고 있다. 정개산 남쪽의 문암리에 있는 강정(江亭)은 임진왜란 당시인 1597년 9월 1일에 이순신 장군이 백의종군 할 때 잠시 머물렀던 곳이다. 정개산이라는 명칭의 유래에 관하여 산마루의 모양이 솥뚜껑 모양으로 생겨 이름 붙었다고도 한다.

주산 主山 Jusan [異] 오대산(五臺山)

군의 옥종면 궁항리와 산청군 시천면 반천리 일대에 걸쳐 있는 산이다(고도: 831m). 오대산(五臺山)이라고도 일컬어졌다. 지리산 삼신봉에서 동남쪽으로 뻗은 산줄기가 묵계치를 거쳐 주산에 이르렀다. 주산의 북사면에서 발원하는 물줄기는 반천에 모여 시천천으로 합류하고, 남사면에서 발원하는 물줄기는 호계천에 모여 위태천으로 합류한다. 주산 주위의 산기슭 분지에는 자연마을의 취락이 형성되었다. 『대동여지도』에는 청암산(青岩山)으로 표기되었다. 주산 아래에는 오대사 터가 있으며, 주산의 다른 이름인 오대산이라는 이름은 오대사라는 절의 명칭에서 연유하였음을 알 수 있다. 오대사 터에서 보면 다섯 봉우리가 대와 같이 벌려 있는데 그 중에서 주된 산이라 하여 주산으로 부른다고도 한다.

황장산 黃獐山 Hwangjangsan [異] 항장산(項長山)

군의 화개면 용강리에 있는 산이다(고도: 948m). 지리산의 주능선인 반야봉에서 남쪽으로 맥이 뻗어 통꼭봉, 황장산, 촛대봉으로 이어졌고, 그 남북의 산줄기를 기준으로 동편의 화개천과 서편의 연곡천의 분수계를 이루었다. 황장산의 동·서사면이 화개천 및 연곡천과 만나는 기슭으로는 자연마을의 취락이 형성되었다. 황장산의 옛 한자표기는 항장산(項長山)이었다고 한다. 조선시대 하동의 관찬지리지와 군현지도에서는 황장산에 대한 기록이 없다.

구재봉 龜在峰 Gujaebong [異] 구자산(龜子山)

군의 악양면 신대리 일대에 있는 산이다(고도: 768m). 구재봉은 적량면과 악양면, 하동읍 등 3개 읍면이 만나는 곳에 위치하였다. 옛 이름은 구자산(龜子山)이다. 구자산은 구재산(봉)으로 발음이 바뀌었다. 구재봉의 동쪽으로는 넓은 평야인 악양뜰이 펼쳐져 있다. 산의 동북쪽으로 악양천이 흘러들어와 서남쪽으로 빠져 섬진강에 합류한다. 『하동지』에 "구자산은 군의 북쪽에 있다. 지리산으로부터 왔으니 곧 군의 진산이다."라고 기록하였다. 하동의 읍기(邑基)가 양경산에서 옮

겨온 후로 구자산을 진산으로 삼았다는 것을 알 수 있다. 『조선지지
자료』에는 구자산(龜玆山)으로 잘못 표기되었다. 구자산이라는 지명
유래에 대하여, 산의 형상이 거북이가 기어가는 모습에 연유되었다거
나, 혹은 산에 거북처럼 생긴 바위가 있기 때문이라고 전한다.

날라리봉 三道峰 Nallaribong [異] 삼도봉, 닐리리봉

지리산의 주능선의 한 봉우리로, 다른 이름으로는 삼도봉(三道峰)
이라고도 부른다(고도: 1,550m). 삼도봉이라는 이름은 전북(남원시 산
내면) · 전남(구례군 산동면) · 경남(하동군 화개면)의 3도에 걸쳐 있기
때문이다. 천왕봉에서 서쪽의 노고단 방향으로 토끼봉을 지난 화개재
다음 봉우리가 날라리봉이다. 날라리봉의 북사면으로는 뱀사골, 남사
면으로는 불무장등을 경계로 동편의 목통골과 서편의 피아골이 이루
어졌다. 날라리봉의 지명 유래에 관해서, 정상의 바위가 낫의 날처럼
생겼다고 하여 낫날봉인데 음이 변형되어 날라리봉, 닐리리봉(닐리리
봉) 등으로 불려졌다고 한다. 1998년에 국립공원관리공단에서 삼도의
표지석을 세우면서부터 삼도봉으로 불리기 시작하였다.

덕평봉 德坪峰 Deokpyeongbong

지리산 주능선의 한 봉우리이다. 지리산 천왕봉에서 서쪽으로 연하
봉, 촛대봉, 칠선봉을 지나 덕평봉에 이르며 다시 형제봉으로 향한다.
덕평봉에서 북쪽으로 뻗은 지맥은 오송산으로 이어지는데, 그 능선을
경계로 동쪽으로 덕평봉과 오송산의 계류가 모여 한신계곡을 이루었

다. 덕평봉과 오송산 능선의 서사면 기슭에는 골짜기를 따라 양정, 하정 등의 자연마을이 형성되었다. 덕평봉의 남사면으로는 덕평골이 있고, 화개면 대성리 의신마을 등이 입지하였다. 하동의 주요 관찬지리지와 군현지도에는 덕평봉이 나타나지 않아 지명의 유래를 확인하기 어렵다. 1930년대의 지리산 유산기에는 덕평(德坪)이 나오는데, 1934년에 지리산을 유람한 정기(鄭琦, 1879~1950)는 산행 중에 덕평에서 하루를 묵었다고『유방장산기(遊方丈山記)』에 적고 있다. 김택술(金澤述, 1884~1954)의『두류산유록(頭流山遊錄)』에도 덕평이 나오는데, "1934년 4월 1일에 백무촌(白武村)을 떠나 직치(直峙)를 거쳐 덕평(德坪)을 찾았다. 길은 점점 넓어진다. 평평한 곳에는 비록 높은 산과 깊은 골짜기더라도 종종 인가가 있다."고 기록하였다. 덕평에는 일제강점기 때까지는 30가구 정도가 살았다고 한다. 덕평은 화개, 세석 등과 함께 지리산 청학동의 한 장소로도 지목된 바 있다. 선비샘 아래에 상덕평과 하덕평이 있고, 천우동(天羽洞)이라는 새김글이 남아 있어 이곳이 청학동이라고 주장하는 사람이 예부터 있었다고 한다. 김택술의『두류산유록(頭流山遊錄)』에도 덕평의 청학동 관련 내용이 있다.

삼신봉 三神峰 Samsinbong

군의 청암면 묵계리에 있으며, 청암면과 산청군 시천면의 경계를 이루는 봉우리이다(고도: 1,289m). 천왕봉에서 서쪽으로 제석봉, 연하봉을 거쳐 촛대봉을 지나 남쪽으로 맥이 뻗어나가서 삼신봉을 이루었다. (원)삼신봉은 다시 좌우로 팔을 벌려 내삼신봉과 외삼신봉의 지맥을 이루었다. 외삼신봉 아래에는 일월대와 미륵암터가 있다. 내삼신봉과 외삼신봉의 품안에 묵계리가 입지하고 있다. 묵계리는 지리산의 청학동으로 잘 알려진 관광지이다. 삼신봉의 지맥 사이에 Y자 모양으로 형성된 골짜기를 따라 농경지가 형성되고, 작은 분지상에 나지막한 산언덕을 등지고 자연마을이 입지하였다. 삼신봉의 남쪽 사면 골짜기에는 삼신동(三神洞)이 있다. 『진양지』에, "삼신동은 천왕봉의 남쪽에 있다. 신흥사, 의신사, 영신사 세 절로 들어가는 길이 모두 이 골을 거치기 때문에 이름 지은 것이요, 수각(水閣) 가에 삼신동이라는 세 글자의 석각이 있다."고 기록하였다. 조선시대 하동의 관찬지리지나 군현지도에는 삼신봉에 대한 표기가 없다.

영신봉 靈神峰 Yeongsinbong

군의 화개면 대성리에 있는 봉우리이다(고도: 1,652m). 지리산 천왕봉에서 서쪽으로 제석봉, 연하봉, 영신봉, 칠선봉으로 이어지는 주능선에 자리 잡았다. 하동군 화개면과 함양군 마천면, 산청군 시천면의 경계에 위치한다. 영신봉은 낙동강의 분산까지 이어지는 낙남정맥의 출발점이다. 서쪽으로 칠선봉과 덕평봉, 동쪽으로 촛대봉, 남쪽으로 삼신봉에 이어지는 주요 능선들이 영신봉에서 갈라지는 분기점을 이룬다. 조선시대 하동의 주요 관찬지리지와 군현지도에는 영신봉이 표기되어 있지 않다. 산의 남사면으로는 산청군 시천면의 거림골, 하동군 화개면의 큰세개골과 대성 계곡, 북사면으로는 함양군 마천면의 한신 계곡이 있다. 영신봉에서 남서쪽 사면으로 내려오면 화개면 대성리인데, 영신봉과 삼신봉 연맥의 서사면 산기슭에 의신·대성·단천 등의 자연마을이 입지하였다. 산골짜기에서 발원한 화개천 상류가 남서방향으로 흘러나간다. 영신봉의 이름은 영신사(靈神寺)에서 유래된 것으로 추정된다. 『신증동국여지승람』(진주)에, "영신사(靈神寺)는 지리산에 있다. 절 뒤 봉우리에 깎은 듯한 돌이 섰고, 그 꼭대기에 작은 돌이 평상처럼 놓여 있는데 좌고대(坐高臺)라 부른다."는 기록이 있다. 1472년에 지리산을 유람한 김종직(1431~1492)의『유두류록(遊頭流錄)』에는 "영신봉과 좌고대(坐高臺)를 바라보니 여전히 멀리 있었다."는 내용이 나온다.

정안봉 鄭晏峰 Jeonganbong [異] 성지매, 안심산(安心山)

군의 고전면 성천리와 양보면 장암리에 걸쳐 있는 산으로 횡천면과 적량면, 양보면과 경계를 이룬다(고도: 448m). 다른 이름으로는 성지매라고도 부른다. 정안봉은 하동군의 북동쪽 산지인 우방산, 두방산에서 옥산을 거쳐 남남서 방향으로 길게 발달한 산줄기가 섬진강과 만나는 부위에서 높게 솟은 봉우리이다. 횡천강이 정안산의 서사면 기슭으로 구불거리며 흘러가다 섬진강으로 합류한다. 정안산의 산기슭 자락에 동편으로 장암리와 감당리, 서편으로 고절리와 학리가 자리 잡고 여러 자연마을들이 입지하였다. 정안산의 남사면 안부(鞍部)에는 게(蟹)재가 있는데, 진교와 양보사람들이 하동장으로 다니는 큰 길이었다. 조선시대 하동의 관찬지리지와 군현지도에는 정안봉(鄭晏峰)이라는 이름은 표기되지 않았고, 옛 지명은 안심산(安心山)이 아니었을까 추정된다.『대동지지』에 "안심산은 동쪽 30리에 있다."고 기록하였으며,『대동여지도』에도 양경산의 내맥으로 안심산이 표기되었다. 기타『비변사인방안지도』(하동),『조선지도』(하동),『해동여지도』(하동),『광여도』(하동) 등에도 안심산이 표현되었다. 정안봉(鄭晏峰)이라는 이름은『조선지지자료』에 와서야 마전면(馬田面) 산명(山名)의 하나로 기재되어 있다. 정안봉이라는 지명의 유래는 고려시대 무신정권 시기 정안(鄭晏) 장군의 이름에서 따왔다. 정안 장군은 고려 중기인 13세기 최씨 정권 때 최우가 집권하자 고향인 하동으로 낙향해 노모를 모시면서 산 정상에 산성을 쌓았는데 이 산성이 바로 정안산성이라고 한다.『신증동국여지승람』(하동) 인물 조에 고려 정안(鄭晏)에 관한 내용이 기록되어 있다. 현재도 성문터가 뚜렷하고 성 아래에는 옛 절터가 남아 있다고 한다.

칠성봉 七星峰 Chilseongbong [異] 검남산(劍南山)

군의 청암면 중이리 · 악양면 신흥리 · 적량면 서리 일대에 걸쳐 있는 산이다(고도: 891m). 칠성봉의 산줄기는 지리산 삼신봉에서 남동쪽으로 거사봉, 시루봉, 회남재를 거쳐 칠성봉에 이르렀다. 칠성봉 서사면 기슭에는 악양분지가 펼쳐지고 악양면으로 이어진다. 동사면과 남사면의 좁은 골짜기에는 자연마을이 형성되었고, 하동호가 인접하였다. 칠성봉이라는 이름의 유래에 관해, 김수로왕의 일곱 왕자가 이곳에 기거하다 칠불사로 건너가 수도했다하고, 칠성봉 아래에는 칠성암(七星庵)이 있었다고 한다. 칠성봉의 옛 이름은 검남산(劍南山)이다. 검남산이라는 지명 유래는 칠성봉 서사면 기슭의 검남마을 혹은 칼남재(劍南)와 관련 있다. 검남마을은 칼(劍) 지명이 마을이름으로 좋지 않다는 여론에 따라 금남(金南)으로 개명하였다. 조선시대 하동의 주요 관찬지리지와 지도에는 검남산에 관한 기록이 없다.『하동지』에는 "검남산은 군의 북쪽에 있다. 남쪽 산록의 아래에 경천묘(敬天廟)가 있다."고 기록하였다. 경천묘는 신라 경순왕(?~979)을 모신 사당으로, 중이리 검남산 아래에 있었으나 1988년의 하동댐 건설로 평촌리로 옮겼다.

토끼봉 卯峯 Tokkibong [異] 묘봉(妙峯)

지리산 주능선의 한 봉우리이다. 노고단에서 동쪽으로 임걸령과 반야봉삼도봉 갈림길을 지나 화개재 다음으로 토끼봉에 이른다(고도: 1,534m). 토끼봉의 북사면 계류는 뱀사골에 모여 달궁계곡으로 이어지고, 남사면 계류는 범왕골에 모여 범왕리로 이어진다. 토끼봉의 옛 이름은 묘봉(妙峯)으로 보이며, 묘봉이라는 이름은 묘봉암(妙峰庵)에서 유래된 것으로 추정된다. 남효온(南孝溫, 1454~1492)의 『지리산일과(智異山日課)』에 "만복대(萬福臺) 동쪽에는 묘봉암(妙峰庵)이 있다."는 내용이 있다. 묘봉(妙峯)이라는 명칭은 정석구(丁錫龜, 1772~1833)의 『두류산기(頭流山記)』에 나온다. "만복대에서 뻗은 산줄기는 조금 아래로 내려와 솟아서 묘봉(妙峯)이 되니 산동의 주봉이다. …반야봉이 묘봉과 마주하였다."라고 기록하였다. 그런데 같은 책에 "산줄기가 토현(兎峴)을 지나면 이 아래는 문수사와 연곡사가 있다."고 적고 있으니, 토끼봉과 토현(兎峴)이 관련이 있음을 알 수 있다. 토끼봉의 한자어인 묘봉(卯峰)이라는 표현은 1906년에 지리산을 유람한 김교준(金教俊, 1883~1944)의 『두류산기행록(頭流山記行錄)』과, 1941년에 산행한 양회갑(梁會甲, 1884~1961)의 『두류산기(頭流山記)』에서 보인다. 따라서 묘봉(卯峰)은 묘봉(妙峯)이 와전되어 생겼을 가능성이 있고, 근대에 생긴 것으로 추정된다. 묘봉(卯峰)의 한글 명칭으로서 토끼봉이라는 공식 지명이 되었다.

형제봉 兄弟峰 Hyeongjebong [異] 성제봉

군의 악양면 매계리에 있는 봉우리이다(고도: 1,116m). 지역 주민들은 성제봉이라고도 부른다. 지리산 삼신봉에서 남쪽으로 관음봉을 거쳐 형제봉에 이르며 섬진강까지 이어진다. 형제봉은 악양면 매계리와 화개면 부춘리의 경계를 이룬다. 형제봉에서 고소산성 능선을 타고 남쪽으로 내려오면 사적 151호로 지정된 고소성(故蘇城)이 있다.『하동읍지』에, "고소성은 신라시대에 축성하였다."고 기록하였다. 조선시대 하동의 관찬지리지나 군현지도에는 형제봉에 대한 표기가 없다. 형제봉 동사면의 기슭에 입지한 매계마을은 산수가 빼어나서 청학동으로 지목된 현장이기도 하다. 조선 초기에 김종직(1431~1492)의『유두류록(遊頭流錄)』에 의하면, 악양현 북쪽의 현 매계리 청학사 골짜기가 청학동으로 비정된 기록이 있다. 김정호(1804?~1866?)는『대동지지』에, "매계는 옛 이름이 청학동으로, 청학동은 지금에 매계라고 일컫는데 동쪽으로 진주와의 거리가 147리이다."라고 상세한 지리적 위치를 밝혔다. 형제봉은 우뚝 솟은 봉우리 두 개가 우애 깊은 형제와 비슷하다고 하여 붙여진 지명이라고 전해진다.

단천골 Dancheongol [異] 단천계곡

군의 화개면 대성리에 있는 계곡이다. 삼신봉의 서사면에서 발원한 계류가 모여 양 갈래로 동쪽으로 흐르다 화개천으로 합수한다. 화개천을 따라 남북 방향으로 내원골, 선유동골, 단천골, 대성골이 나란히 있다. 단천골 상류에는 용추폭포가 있다. 단천골 중류부근에는 단천마을이 입지하여 집촌을 형성하였다. 단천골이라는 명칭은 단천마을에서 유래한 것으로 추정된다. 조선시대 하동의 관찬지리지나 군현지도에는 단천골에 대한 표기가 없다.

청학이골 Cheonghagigol

　군의 악양면 등촌리에 있는 골짜기이다. 청학이골은 악양면의 위쪽 끝에 위치하고 있으며, 매계·동매리와 접하고 있다. 1914년의 행정구역 개편 때 등촌리로 포함되었다. 덕기·중기 등의 행정리가 있으며, 지리산 청학동으로 구전되는 곳이다. 지리산지에서 청학동으로 꼽힐 만큼 빼어난 산수경관을 갖추었다. 삼신봉에서 발원한 시루봉과 성제봉 지맥이 마을 뒤를 병풍처럼 에워싸고 있고 골짜기를 이루었다. 청학골은 골짜기의 아늑한 분지 깊숙이 자리 잡았다. 악양천이 북에서 남으로 흘러나간다. 조선 초기에 김종직(1431~1492)의 『유두류록(遊頭流錄)』에 의하면, 현재의 등촌리에 해당하는 악양현 북쪽의 청학사 골짜기가 청학동으로, 덕봉사 승려 해공(解空)의 말에 근거하여 비정된 기록이 있다.

불일폭포 佛日瀑布 Burilpokpo

▲ 불일폭포

　군의 화개면 운수리의 쌍계사 동쪽에 있는 폭포이다. 불일폭포라는 이름은 보조국사 지눌의 시호를 딴 불일암이 인접해 있어 붙은 이름이다. 불일폭포 일대는 조선시대에 지리산 청학동의 가장 유력한 곳으로 지목되었다. 불일암과 불일폭포 일대는 탁영 김일손(金馹孫, 1464~1498)의 『두류산기행(頭流記行錄)』, 남명 조식(曺植, 1501~1572)

의 『유두류록(遊頭流錄)』, 미수 허목(許穆, 1595~1682)의 『지리산청학
동기(智異山靑鶴洞記)』 등 수많은 유학자들이 유람하여 시문을 남긴
현장이기도 하다. 조식은 『유두류록』에서 불일폭포를 다음과 같이 묘
사하였다. "층층으로 이루어진 폭포는 소용돌이치며 쏜살같이 쏟아져
내리다가 문득 합치기도 하였다. …바람과 우레 같은 폭포소리가 뒤
얽혀 서로 다투니 마치 천지가 개벽하려는 듯 낮도 아니고 밤도 아닌
상태가 되어 물과 바위를 구별할 수 없었다." 고려 후기부터 조선시대
를 걸쳐 불일폭포와 불일암 부근을 중심으로 비정된 청학동은 유학자
들에게 선경(仙境)이자 이상향의 상징적 장소였다.

삼각고지 Samgakgoji

　군의 화개면과 함양군 마천면, 전라북도 남원시 산내면의 경계에
위치하고 3개도에 걸쳐 있는 산이다. 북서쪽으로는 뱀사골, 북동쪽으
로는 백무동계곡, 남쪽으로는 화개천계곡과 대성계곡, 의신계곡이 있
다. 조선시대 하동의 관찬지리지나 군현지도에는 삼각고지에 대한 표
기가 없다. 삼각고지 동쪽의 형제바위에는 전설이 있다. "지리산에서
두 형제가 수도를 하고 있었다. 두 형제에게 반한 연하천 요정이 두
형제를 유혹하였지만, 두 형제는 끝끝내 요정의 유혹을 물리치고 득
도했다. 그러나 성불한 후에도 집요한 연하천 요정의 유혹이 이어지
자, 두 형제는 서로 등을 맞대고 부동자세로 유혹을 경계하는 바람에,
그만 몸이 굳어 그대로 두 개의 석불이 되고 말았다." 형제봉의 이름
은 이 형제바위에서 유래된 것으로 추정된다. 삼각고지 북서쪽 사면
을 흐르는 연하천에는 주목 군락지가 있다.

신방나루터 Sintangnaruteo

군의 고전면 전도리에 위치한 나루터이다. 섬진강의 하류에 위치한 나루터로 강폭이 넓고 수심이 깊다. 현재도 비록 소규모이기는 하나 나루터의 기능을 수행하고 있는 곳이다. 과거 육상교통이 발달하지 않았던 시절 하동읍으로 들어가는 해상 교통의 요지라는 지리적 이점 때문에 나루가 발달하였다. 육상교통수단의 발달과 더불어 나루터는 점차 쇠퇴하여 현재는 재첩잡이 배의 나루로 사용되고 있다.

대도 大島 Daedo

군의 금남면 대도리에 있는 섬이다. 장도, 띠섬이라고도 한다. 섬 주변의 동쪽과 남쪽으로는 남해군이 마주하고 있고, 서쪽으로는 광양시, 북쪽으로는 하동군 금성군과 금남면이 위치하고 있다. 대도마을은 주변에 거무여, 광도(廣島), 장도(長島), 납딱이섬, 농섬 등 다섯 개의 섬을 거느리고 있다. 대도는 하동군의 유일한 유인도이다. 대도는 섬전체가 완만한 구릉으로 이루어져 있다. 해안선은 굴곡하며 서쪽의 대도분교 앞바다에는 모래사장이 형성되었다. 섬 동편 가운데로 오목하게 들어간 만을 따라 마을이 입지하였고, 언덕배기에 집촌(集村)이 형성되어 있다. 해안을 따라 큰동네·적은동네(우리개)·도당개 등의 자연마을이 형성되었다. 본래 조선시대 곤양군(昆陽郡) 서면(西面) 지역이었다. 1914년 일제에 의한 행정구역 통폐합 때 대도동(大島洞)을 대도리라 해서 하동군 남면(南面)에 속하게 하였다. 1933년에 남면이 금양면(金陽面)을 편입하여 금남면(金南面)으로 되면서 금남면 대도리가 되어 현재에 이르고 있다. 대도는 큰섬이라는 우리말 이름의 한자말이다. 예전에는 띠섬이라고도 불렀는데 섬 모양이 띠처럼 길게 늘어뜨려져 있는 듯 보이기 때문에 유래한 이름이다. 대도마을에는 조선후기에 와서 동족촌이 형성되었다. 1690년경에 남해군 이동면에서 살던 장수이씨(長水李氏) 부부가 고기잡이를 하던 중 풍랑을 만나 표류하다가 이 섬에 정착하면서 마을이 형성되었다고 한다.

양경산 陽慶山 Yanggyeongsan [異] 안경산

군의 고전면 고하리에 있는 산이다(고도: 145m). 지역 주민들은 안경산이라고도 부른다. 하동 구읍의 진산(鎭山)이었다. 양경산은 나지막한 구릉성 산지에 불과하지만, 숙종 29년(1703)에 읍을 진답면으로 옮기기 전까지 고을의 진산으로서 중요하게 취급되었다. 이러한 사실을 반영하여 『신증동국여지승람』(하동)에는 양경산이 "현 북쪽 3리 지점에 있으며 진산이다."고 기록하고 있다. 『해동지도』(하동), 『지승』(하동), 『해동여지도』(하동), 『광여도』(하동), 『대동여지도』 등에도 양경산이 표기되어 있으며, 특히 『해동지도』(하동)에는 구읍성의 그림 표현과 함께 읍성을 에워싸고 있는 양경산의 모습이 뚜렷이 표기되어 있다. 『대동여지도』에도 안심산(安心山)에서 맥이 뻗어 온 고을 뒤의 양경산이 잘 표현되어 있다. 양경산에 위치한 하동 읍성은 조선 태종 17년(1417)에 축성된 조선 전기의 읍성(邑城)의 하나로서 일명 고현성(古縣城)이라 한다. 『신증동국여지승람』(하동)의 성곽 조에는 "읍성, 세종 정유년에 양경산 밑에다가 돌로 쌓았다."는 기록이 있다.

옥계산 玉溪山 [異] 안산

군의 횡천면 횡천리와 적량면 동리 일대에 걸쳐 있는 산이다. 적량면 우계리 기목마을에서는 마을의 서남쪽에 위치하여 안산이라고도 일컫는다. 남산천과 횡보천이 옥계산 앞에서 합수하며 남서쪽으로 흘러나간다. 옥계산은 횡천면 소재지가 있는 횡보마을 북쪽의 산으로 추정된다. 횡보마을은 1661년부터 1679년까지 하동군의 읍기(邑基)였기에, 옥계산은 진산으로서 중요하게 취급되었다. 『신증동국여지승람』(하동)에 "옥계산은 현 서쪽 30리 지점에 있다. 옥계사(玉溪寺)가 있다."고 적고 있다. 『하동부읍지』에는 "옥계산의 내맥이 지리산에서 왔다."고 기록하였다. 옥계산이라는 지명의 유래는 옥계사가 창건되면서 일컬어졌던 것으로 추정된다. 옥계사에 관해, 오두인(1624~1689)의 『두류산기』(1651)에는, "황현을 넘어 30리를 더 가서 옥계사에 투숙하였다."는 기록이 있다. 『여지도서』에는 "지금은 옥계사가 없다"는 표현이 있는 것으로 보아 18세기 중엽 이전에 옥계사는 폐찰되었음을 알 수 있다. 『여지도서』(하동)에는 "옥계산은 지리산에서 맥이 온다."고 내맥(來脈)을 덧붙이고 있다. 옥계산은 『조선지도』(하동), 『해동여지도』(하동), 『광여도』(하동), 『대동여지도』에도 표기되었다.

천황봉 天皇峯 Cheonhwangbong

군의 북천면 화정리 일대에 있다(고도: 602m). 천황봉은 지리산 삼신봉의 한 지맥(支脈)이 동남쪽으로 뻗어서 이루어진 것이다. 천황봉 자락에서 발원한 계류는 곤양천으로 모이고, 곤양천은 남동쪽으로 흐르다가 북천면소재지 부근에서 북천천 및 직천천과 만나 동쪽으로 흘러나간다. 조선시대 하동의 관찬지리지나 군현지도에는 천황봉에 대한 표기가 없다. 천황봉이라는 이름의 유래는, 산의 생김새가 황제의 면류관과 같이 생겼다고 해서 일컬어졌다고 하며, 맞은편 산자락 중턱에는 임금의 옥쇄 같은 바위가 있어 인(印)바위라고도 부른다. 산의 이름에 연유하여 천황포룡혈(天皇抱龍穴)에 또는 천룡포란혈(天龍抱卵穴)의 풍수 명당지가 있다고 해서 많은 지관들이 이 혈을 찾기 위해 모여들었다고 한다.

소란산 少卵山 Hadong-gun [異] 소묘산(小卯山)

군의 고전면 전도리에 있는 산이다. 전도리 전도마을 뒷산으로 추정된다. 소란산은 소묘산(小卯山)이라고도 일컬었다. 『신증동국여지승람』(하동)에, "소묘산은 현 서쪽 7리 지점에 있다."고 기록하였다. 또 『대동지지』에도 소묘산이라고 기재되었다. 소란산(少卵山)이라는 이름은 『여지도서』, 『하동부읍지』, 『하동지』 등에 나오며, "소란산은 부 남쪽 30리 지점에 있으며 게재(蟹峴)에서 산줄기가 왔다."고 적고 있다. 지금의 전도마을 지명 중에 소랑산들이라고 있는데, 여기서 소랑산은 소란산을 지칭하는 것으로 추정된다. 『대동여지도』에도, 개제(蟹峴) 너머로 내방산(內方山)이 표시되었고 그 아래로 소란산(少卵山)이 표기되어 있다.

게재(게고개) 蟹峴, 蟹岾 Kkamakgogae

군의 고전면 성천리 정안산의 남사면 안부(鞍部)에 있으며, 진교면과 양보면 사람들이 하동읍내로 다니는 큰 고갯길이었다. 조선시대의 지리지와 군현지도에는 해현(蟹峴), 해점(蟹岾), 해치(蟹峙)이라고도 표기되었다. 정안산 남쪽의 성천리에 윗게재, 아랫게재라는 두 고개가 있다. 윗게재는 상성마을로 통하고, 아랫게재는 남성마을로 통한다. 『신증동국여지승람』(하동)에 "해점(蟹岾)은 현 서쪽 17리 지점에 있다."고 기록하였다. 『여지도서』에는 "부 동쪽 20리에 있으며, 차점 (車岾)에서 산줄기가 왔다."고 그 내맥을 적었다. 하동 읍치가 이동한 것을 반영하여 게재의 위치정보가 달라졌으며, 산줄기의 유래를 추가하였음을 알 수 있다. 『비변사인방안지도』와 『광여도』(하동)에는 해치(蟹峙)와 해현(蟹峴)으로 표기하였고, 『조선지도』(하동)와 『해동여지도』(하동)에는 해현(懈峴)이라고 적었다. 『대동여지도』에 차점(車岾)에서 해점(蟹岾)으로 이어지는 산줄기와 함께 해현(蟹峴)이 표현되었다.

제2부
경상남도 산청

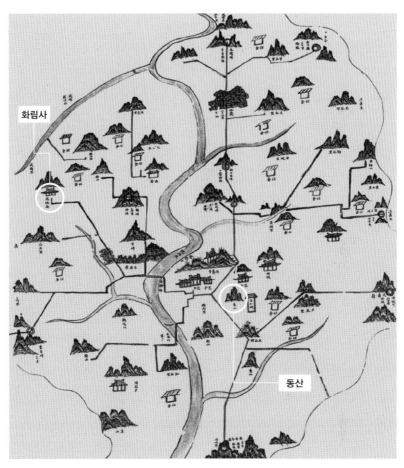

▲『1872년 지방지도』(산청)의 꽃봉산(동산), 화림사(오봉산)

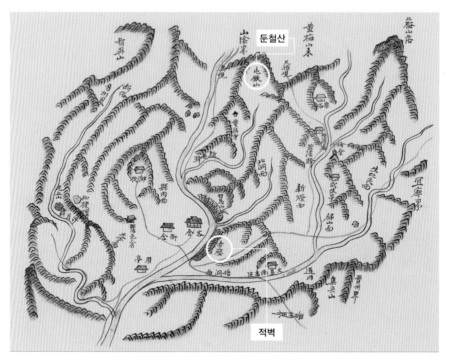

▲『해동지도』(단성)의 둔철산, 적벽

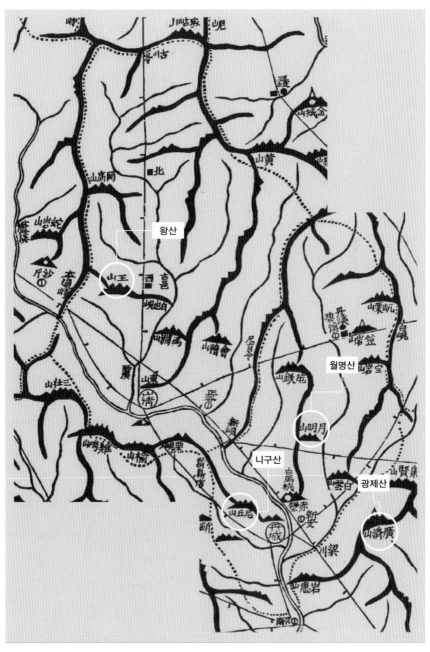

▲『대동여지도』의 왕산, 월명산, 니구산, 광제산

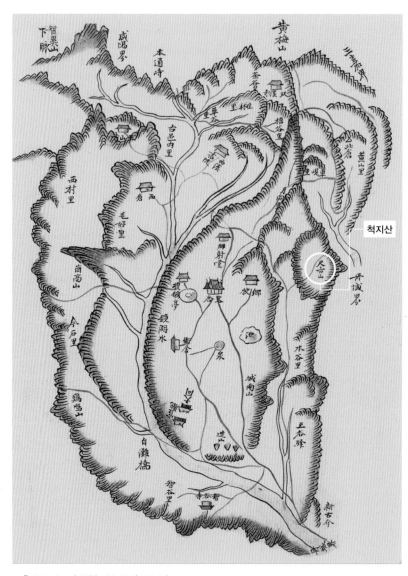

▲『해동지도』(산음) 척지산(정수산)

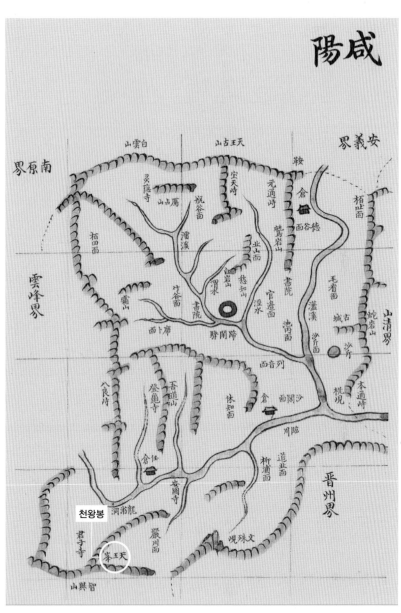

천왕봉

▲『해동여지도』(함양)의 지리산 천왕봉

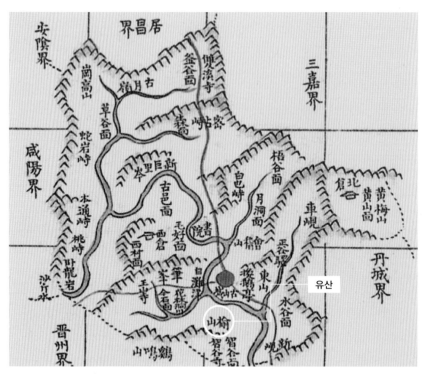

▲『조선지도』(산청)의 유산(웅석봉)

—

경상남도 산청

—

산청군 Sancheong-gun

도의 중앙 서부에 위치한 군이다. 동쪽은 합천군과 의령군, 서쪽은 함양군, 남쪽은 하동군과 진주시, 북쪽은 거창군과 접하고 있다. 군 서쪽에 지리산의 천왕봉, 영신봉, 삼신봉이 있고, 동쪽에는 황매산과 부암산이 있다. 동서 산지들 사이로 경호강, 덕천강이 북서쪽에서 동남쪽으로 흘러 남강과 합류한다. 산청의 옛 명칭은 지품천현, 산음현 등이었다. 『삼국사기지리지』에 "산음현은 본래 지품천현(知品川縣)인데, 경덕왕이 산음이라 고쳤다."고 하였다. 산음현은 산양(山陽)이라고도 불렀음이 『고려사지리지』에 의해 확인된다. 산청이라는 이름은 1767년(영조 43)에 산음현에서 산청현이라는 이름으로 바꾸면서 비롯되었다. 임진왜란 이후에 단성이 15년간 산음에 통합되기도 하였다. 『여지도서』(산청)에 의하면, "1599년(선조 32)에 임진왜란의 병란으로 인해 단성이 일시적으로 산음현에 통합되었으며, 15년 후(1613년)에 다시 단성군이 설치되었다."고 기록하였다. 1895년에 23부제 실시에 따라 진주부 산청군이 되었다. 1906년에 삼장면(三壯面) · 실천면(矢川面) · 금만면(金萬面) 등 6개 면을 진주군으로부터 편입하였다. 1914년에 군월면 · 지수면 · 차황면 등과 단성군의 현내면 · 오동면 · 원당면 등이 통합하여 13개 면이 되었다. 1979년에는 산청면이 읍으로 승격하였다. 1983년에 하동군 옥종면 중태리(中台里)를 시천면에 편입하였다. 관할 행정구역은 1읍 13면으로 구성되어 있다.

산청읍 Sancheong-eup

군의 중앙부에 위치하여 지리적인 중심지에 있는 읍이다. 동쪽으로 차황면과 신등면, 서쪽으로 금서면과 삼장면, 남쪽으로 단성면과 신안면과 연접한다. 북쪽으로는 생초면과 오부면이 근거리에 있다. 지리산을 서편으로 바라보고 정수산, 둔철산과 웅석봉으로 둘러싸인 분지를 이루었으며, 이 산들을 읍의 경계로 삼았다. 읍의 북서쪽과 남동쪽이 열려있어 남강이 서북쪽에서 와서 읍을 곡류하면서 동남쪽으로 흘러나간다. 1914년에 군내면 · 월호면 · 월동면 · 차천면의 일부를 통합하여 군월면이 되고, 지곡면 · 수곡면과 단성군 현내면 일부를 통합하여 지수면이 되었다. 1917년에 지수면과 합병하여 산청면이 되었다. 1979년에 산청읍으로 승격하였다. 1988년에는 색동(塞洞)을 산청리(山淸里)로 옥동(玉洞)을 옥산리(玉山里)로 이름을 바꾸었다. 관할 행정구역은 산청리 · 옥산리 등 14개 법정리와 31개의 행정리로 이루어져 있다.

금서면 Geumseo-myeon

군의 서북부에 위치한 면이다. 동쪽으로 산청읍과 접한다. 서쪽으로는 임천을 경계로 함양군과 인접한다. 남쪽으로 삼장면, 북쪽으로는 생초면과 오부면과 연접한다. 면의 서남쪽으로 지리산지가 위치하였다. 면의 동쪽 가장자리로 남강이 곡류하며 남남동쪽으로 흘러나간다. 1914년에 금석면·서하면·서상면의 일부를 통합하고 앞 글자 한 자씩을 따서 금서면으로 개칭하였다. 소재지를 매촌에 두었다가 1940년에 특리로 옮겼다. 1975년에 서하출장소가 설치되어 옛 서상 서하를 관할케 하였다가 1999년에 서하출장소가 폐소되고 현재에 이르고 있다. 관할 행정구역은 매촌리·평촌리 등 12개 법정리와 26개 행정리로 이루어져있다.

단성면 Danseong-myeon

군의 남부에 위치한 면이다. 동쪽으로는 신안면, 서쪽으로는 삼장면, 남쪽으로는 하동군과 진주시, 북쪽으로는 웅석봉을 경계로 산청읍과 접한다. 면의 북쪽, 서쪽, 남쪽으로는 산에 의해 에워싸여져 있으며, 면의 동편 가장자리로는 북서쪽에서 남동쪽으로 남강이 곡류하며 흘러나간다. 신라시대에는 적촌현과 궐성현으로 이루어졌다. 고려 성종 14년에는 단계현으로 개칭하였으며, 조선 세종 14년에는 단계현과 강성현을 합하여 단성현으로 개칭하였다. 1906년에 진주군에서 사월면, 파지면, 금만면, 백곡면이 편입되었다. 1914년에 단성군 현내면·원당면과 산청군 사월면·파지면·금만면·시천면·백곡면과 진주군 대평면·대각면·오산면의 일부를 통합하여 단성면이 되었다. 면소재지는 성내에 두었다. 1962년에 서부출장소를 설치하여 옛 금만면·백곡면과 사월면 일부를 관할케 하였다가 1999년에 서부출장소를 없앴다. 2000년에 하동군 옥종면 두양리 일부를 편입하였다. 관할 행정구역은 강누리·묵곡리 등 17개 법정리와 37개 행정리로 이루어져있다.

삼장면 Samjang-myeon

군의 서남부에 위치한 면이다. 동쪽으로 웅석봉을 경계로 단성면과 접하였고, 서쪽으로는 지리산지를 두고 함양군으로 이어지며, 남쪽으로 국수봉과 구곡산을 경계로 시천면과 접한다. 북쪽으로는 금서면에 연접한다. 지리산을 면의 서편에 두고 웅석봉, 국수봉, 구곡산으로 둘러싸인 분지를 이루었으며 경계로 삼았다. 덕천강이 북쪽산지에서 발원하여 면을 종단하고 남쪽으로 흘러나간다. 조선시대에 진주군 서면 삼장리였다. 1864년에 상삼장면(上三壯面)과 하삼장면(下三壯面)으로 분리되었다가, 1906년에 진주군에서 산청군에 편입되었다. 1914년에 산청군 삼장면과 시천면 일부를 통합하여 삼장면이 되었으며, 16개 동에서 8개 리로 병합되고 면소재지를 대포리에서 석남리로 옮겼다. 1958년에 면소재지를 다시 대포리로 옮겨 현재에 이른다. 관할 행정구역은 석남리·홍계리 등 8개 법정리와 21개 행정리로 구성되었다.

생비량면 Saengbiryang-myeon

군의 동부에 위치한다. 서쪽으로는 신안면과 접하고, 북쪽으로는 갈미봉을 경계로 신등면과 접하며, 남쪽으로는 칠현산을 경계로 진주시와 이어진다. 동쪽으로는 의령군과 진주시 등과 연접한다. 면의 서편으로는 양천을 따라 평지를 이루었지만, 동서, 남, 북쪽으로 병풍처럼 산으로 둘러싸였다. 양천이 동쪽에서 서쪽으로 면을 가로지르며 흐르다 북쪽에서 발원한 신등천과 만나 남강으로 합수한다. 『여지도서』(단성)에 "생비량면은 관문에서 40리 거리에 있다."고 기재되었다. 『호구총서』(단성)에 생비량면이 수록되었으며 대돈촌·철점촌·도내촌 등의 관할 마을이 기재되어 있다. 1914년에 옛 단성군의 생비량면과 도산면의 일부를 합병하였고, 삼가군 아곡면 일부를 통합하여 생비량면이 되었다. 소재지를 가계리에 두었다가 1944년에 도리로 옮겨 오늘에 이르고 있다. 관할 행정구역은 도전리·도리 등 5개 법정리와 18개 행정리로 이루어졌다.

생초면 Saengcho-myeon

군의 북부에 있는 면이다. 동쪽으로 오부면, 서쪽으로 함양군, 남쪽으로 금서면, 북쪽으로 거창군과 연접한다. 초곡천이 북쪽에서 남쪽으로 면을 종단하고 흐르다 면소재지 앞에서 남강에 합류한다. 1914년에 생림면·초곡면·고읍면·모호면의 일부가 통합되어 생초면으로 개편되었고, 면소재지를 어서리에 두어 오늘에 이른다. 관할 행정구역은 어서리·노은리 등 12개 법정리와 29개 행정리로 이루어졌다.

시천면 Sicheon-myeon

군의 서남부 끝에 위치한 면이다. 동쪽으로 단성면, 서쪽으로 함양군, 남쪽으로 주산을 경계로 하동군과 접하고, 북쪽으로는 국수봉과 구곡산을 경계로 삼장면에 이어진다. 지리산 주능선을 서편에 두고 둘레로 국수봉, 구곡산, 주산으로 둘러싸인 분지를 이루었으며 면의 경계로 삼았다. 지리산지에서 발원한 내대천이 동쪽으로 흐르다 시천과 합류하고 휘돌다 북쪽으로 흘러가서, 면의 동편 가장자리에서 남쪽으로 흐르는 덕천강과 만난다. 원래 이곳은 살천(薩川)이라고 하여 조선시대 진주군에 속하였는데, 1906년에 산청으로 편입되면서 신천면이 되었다기 시천면으로 개칭되었다. 면소재지는 사리에 두었다. 1983년에 하동군 옥종면 중태리가 편입되었다. 관할 행정구역은 내공리 · 천평리 등 11개 법정리와 30개 행정리로 이루어졌다.

신등면 Sindeung-myeon

군의 동부에 위치하는 면이다. 동쪽으로 매봉을 경계로 합천군과 접하고, 서쪽으로 정수산을 경계로 하여 산청읍과 만난다. 남쪽으로는 둔철산을 경계로 신안면과 갈미봉을 경계로 생비량면과 접한다. 북쪽으로는 정수산을 경계로 차황면과 연접한다. 면의 사방으로 둔철산, 정수산, 천왕산, 매봉, 갈미봉에 둘러싸여 있는 분지지형을 이룬다. 서북쪽 산지에서 율천천과 단계천, 장천천이 발원하여 동남쪽으로 흐르고, 동북쪽 산지에서 가술천이 발원하여 서남쪽으로 흐르다가, 신등면을 종단하며 남쪽으로 흘러나가는 신등천과 합류한다. 『여지도서』(단성)에 "신등면은 관문에서 40리 거리에 있다."고 기재되었다. 『호구총서』(단성)에 신등면이 수록되었으며 상촌 · 중촌 · 하촌 등의 관할 마을이 기재되어 있다. 1914년에 단성군 신등면 · 도산면 · 법물면의 일부를 통합하여 신등면으로 개칭하였다.1973년에 신등면의 상리(上法), 철수리(鐵水里)를 차황면에 편입하였다. 관할 행정구역은 간공리·평지리 등 9개 법정리와 24개 행정리로 이루어졌다.

신안면 Sinan-myeon

군의 남부에 위치하는 면이다. 동쪽으로 생비량면과 접하고, 서쪽으로 남강을 경계로 단성면과 나누어진다. 남쪽으로 집현산을 경계로 진주시와 접하고, 북쪽으로 둔철산을 경계로 산청읍 및 신등면과 접한다. 북동쪽 산지에서 발원한 신등천이 서남쪽으로 흘러 양천과 만나고, 양천은 서남쪽으로 흐르다가 면의 남쪽 가장자리를 둘러서 남강에 합류한다. 1914년에 단성군 오동면·도산면 일부를 통합하여 도산면이 되었고, 단성군 북동면 지역은 그대로 북동면이 되었다. 1917년에 북동면과 도산면을 통합하고 신안면으로 개칭하였다. 면소재지는 하정리에 두었다. 관할 행정구역은 갈전리·신기리 등 12개 법정리와 33개 행정리로 이루어졌다.

오부면 Obu-myeon

군의 북부에 위치하는 면이다. 동쪽으로 응봉을 경계로 차황면과 접하고, 서쪽으로 매봉산과 대봉산을 경계로 생초면에 이어진다. 남쪽으로 산청읍, 북쪽으로 바람산을 경계로 거창군과 연접한다. 북쪽 산지에서 발원한 왕촌천이 남쪽으로 흐르다 생초천과 합류하며, 생초천은 남서쪽으로 흘러 방곡천과 합류한 뒤에, 다시 면의 서쪽을 S자 모양으로 굴곡하며 흐르는 남강에 이어진다. 1914년에 오곡면·부곡면·차현면 일부를 통합하여 오부면이 되었고 면소재지를 내곡리에 두었다가 1942년에 양촌리로 옮겨 오늘에 이른다. 관할 행정구역은 내곡리·중촌리 등 8개 법정리와 17개 행정리로 이루어졌다.

차황면 Chahwang-myeon

군의 북부에 위치하는 면이다. 북동쪽으로 황매산을 경계로 합천군 대병면 및 가회면과 접하고, 서쪽으로 응봉을 경계로 오부면으로 이어진다. 남쪽으로 정수산을 경계로 하여 신등면과 산청읍에 접한다. 북쪽으로는 거창군 신원면과 연접한다. 주위 사방이 산으로 에워싸인 분지지형을 이루었다. 배후산지에서 발원한 양곡천, 장위천, 단계천이 면소재지에서 합류하고, 이것이 다시 남서쪽으로 흘러 송경천을 이루고 남강으로 이어졌다. 1914년 차현면·황산면과 삼가군 신지면의 일부를 통합하여 차황면이 되었다. 차황면이라는 명칭은 차현면·황산면의 앞 글자를 한 자씩 조합한 것이다. 소재지를 신기리에 두었다가 1931년에 장위리로 옮겼다. 1973년에 신등면의 상리(上法), 철수리(鐵水里)를 편입하였다. 관할 행정구역은 법평리·부리 등 11개 법정리와 19개 행정리로 이루어졌다.

자연 지명

가막산 葛幕山 Gamaksan [異] 갈막산

군의 생초면 월곡리·노은리·어서리의 경계에 걸쳐 있는 산이다 (고도: 336m). 원래 이름은 갈막산(葛幕山)이었는데 가막산으로 바뀐 것으로 추정된다. 가막산의 북쪽으로는 산지가 이어졌고 동남쪽에는 매봉산(梅峰山)이 있다. 가막산의 남사면 끝부분으로는 경호강이 남동쪽 방향으로 흐른다. 가막산의 동사면에는 넓은 농경지가 발달하여 곳곳에 자연마을의 취락이 형성되었고, 서사면 끝자락에 경호강과 만나는 평지에는 생초면 소재지가 입지하고 있다. 조선시대 산청의 관찬지리지와 군현지도에는 가막산에 대해서는 표기되지 않았다.

구곡산 九谷山 Gugoksan [異] 뱀거리몬댕이(병골만댕이), 아홉산이, 깃대봉

군의 시천면 동당리와 원리 일대에 있는 산이다(고도: 961m). 지역민들은 구곡산의 일부를 뱀거리몬댕이(병골만댕이), 아홉산이, 깃대봉 등으로도 부른다. 천잠골, 힘탱이골, 와룡바위골, 피랑정이골 등 여러 골짜기가 있는 산이라고 하여 구곡산(九谷山)이라는 명칭을 갖게 된 것으로 추정된다. 지리산 천왕봉에서 동남쪽으로 뻗은 지맥이 국수봉을 거쳐 구곡산으로 이어졌다. 구곡산 남사면 끝으로는 덕천강 상류가 에워싸고 흐르다 시천면으로 빠져나간다. 구곡산의 동사면, 서사면, 남사면 기슭에는 하천을 임하여 자연마을의 취락이 형성, 발달되었고, 서쪽으로는 비교적 넓은 농경지를 확보하여 시천면 소재지가 입지하고 있다. 조선시대 산청의 주요 관찬지리지와 군현지도에는 구곡산이 표기되지 않았지만, 조선후기에 편찬된 지리산의 산지(山誌)인 『두류전지(頭流全志)』에 "천왕봉의 한 지맥이 남쪽으로 내려와 중봉이 되었고 구곡산이 되었다. 아홉 골짜기가 겹쳐 쌓인 것이 마치 병풍을 펼쳐놓은 듯하다."고 기록되었다.

꽃봉산 Kkotbongsan [異] 화봉산, 화점산, 삼봉, 동산(東山)

군의 산청읍 옥산리에 있는 산이다(고도: 236m). 다른 이름으로는 화봉산, 화점산, 삼봉이라고도 불려졌다. 산청 읍치의 동남쪽에 위치하고 있다. 꽃봉산에는 고산성(古山城)이 있었다. 지리지와 고지도를 근거로 위치를 추적해 볼 때, 꽃봉산을 포함한 옥산리 일대 산의 옛 이름은 동산(東山)으로 추정된다. 동산은 산청 읍치의 진산이었다. 『신증동국여지승람』(산청)에 기록되기를, "동산은 현 동쪽 3리 지점에 있으며 진산이다."라고 하였으며, 『산청군지』에도 "안음의 덕유산에서 맥이 온다. 진산이다."라고 기재하였다. 산청 군현지도의 주기(註記)에서는 동산의 위치가 "관문(官門)에서 5리의 거리"라고 기록하였다. 동산이라는 명칭은 읍치의 동쪽에 있어서 유래되었을 것으로 추정된다. 동산은 규모는 작지만 읍치의 진산이라는 위상을 반영하여 중요하게 취급되었으며 조선시대 대부분의 산청 지도에 표기되었다. 『비변사인방안지도』(산청), 『조선지도』(산청), 『지승』(산청), 『해동여지도』(산청), 『광여도』(산청) 등에 동산이 읍치의 동쪽에 그려졌다. 『1872년 지방지도』에는 읍치 동편과 정곡역(正谷驛) 아래 등 두 개의 동산이 표기되었다. 『대동여지도』에 동산은 산청 읍치의 북쪽에 표현되었으며 황산으로부터 맥이 오는 것으로 그려져 있다.

둔철산 屯鐵山 Duncheolsan

군의 산청읍 척지리와 신등면 모례리에 걸쳐 있는 산이다(고도: 812m). 황매산에서 정수산을 거쳐 경호강 가까이에 솟았다. 둔철산의 남쪽으로는 월명산과 백마산, 적벽산으로 산줄기가 이어져서 경호강과 만난다. 둔철산의 북사면에는 정곡리·척지리·모례리가 위치하고, 서사면에는 범학리가 입지하였으며, 남사면에는 외송리와 선유동계곡이 있다.『신증동국여지승람』(단성)에 "둔철산(屯鐵山)은 현 북쪽 30리 지점의 산음현 경계에 있다. 정취사(淨趣寺)가 둔철산에 있다."고 기록하였다.『여지도서』(단성)에서는 "둔철산은 척지산(尺旨山)에서 맥이 와서 단계촌(丹溪村)의 주맥이 되었다."고 산의 내맥을 자세히 기록하였다.『조선지도』(단성),『해동지도』(단성),『비변사인방안지도』(단성),『지승』(단성),『대동여지도』에도 둔철산이 표기되었다. 둔철산에서 철을 생산했다는 말이 전해진다.

백마산 白馬山 Baengmasan

군의 신안면 중촌리와 신안리에 걸쳐 있는 산이다(고도: 286m). 북쪽으로 월명산과 둔철산의 산줄기로 이어지고, 남쪽으로 적벽산에 이어져서 경호강에 임한다. 산의 남쪽으로는 경호강이 비스듬히 백마산을 가로지르다가 직각으로 꺾여서 남쪽으로 흘러나간다.『조선지도』(단성),『비변사인방안지도』(단성),『광여도』(단성),『1872년지방지도』에 백마산이 표기되었다. 백마산의 정상부에는 삼국시대에 축조된 산성이 있다. 백마산성은 강산성(江山城), 강산석성(江山石城), 동산성(東山城), 단성산성(丹城山城), 동성산성(東城山城) 등으로 일컬어졌다.『세종실록지리지』에 "강산석성은 현(縣) 북쪽 6리에 있다. 천연으로 된 험한 곳이 그 반이고, 둘레가 1백 50보이다. 안에 작은 못 2개, 작은 샘 1개가 있고, 군창(軍倉)이 있다."고 기록하였다.『신증동국여지승람』에는 동산성(東山城)으로 나와 있다.『해동지도』(단성)와『지승』

(단성)에는 백마산성이 표기되었다. 백마산은 임진왜란 때 의병장 곽재우가 왜적들을 속이는 심리전술을 써서 물리친 곳으로도 유명하다. 정유재란 때에는 이순신 장군이 백의종군하면서 남해의 전세를 살피는 길에 이 산에 올라가 보고 단성현에서 하룻밤을 유숙한 현장이기도 하다.

소룡산 巢龍山 Soryongsan [異] 우봉산(牛峰山), 우룡산

군의 오부면 중촌리와 거창군 신원면 와룡리 일대에 걸쳐 있으며 경계를 이루고 있는 산이다(고도: 760m). 옛 명칭은 우봉산(牛峰山)이라고 했고, 지역의 마을주민들은 우용산이라고도 불렀다. 우봉산 산줄기의 내맥은 덕유산의 지맥(支脈)이 동남쪽으로 금원산을 거쳐 망덕산에 이르고, 망덕산을 기점으로 하여 남쪽으로 뻗는 맥이 망실봉, 덕갈산, 철마산을 거쳐 소룡산에 이른다. 소룡산을 분수계로 하여 동편의 신원천과 서편의 생초천이 나뉜다. 소룡산의 기슭 주위로 여러 자연마을의 취락들이 형성되었다. 조선시대의 주요 관찬지리지와 군현지도에는 우봉산이 표기되지 않았지만, 『산청군지』에는 "우봉산이 현 북쪽 30리에 있다. 덕유산에서 맥이 와서 오촌(梧村)의 주맥(主脈)이 되었다. 오촌(梧村) 홍성해(洪成海), 둔암(遯菴) 홍대해(洪大海), 우봉(牛峯) 홍기범(洪箕範)의 유적지이다."라고 기록하였다. 중촌리에는 삼현(三賢)의 형제가 은거하면서 학문을 연마하던 자리에 세워진 용산서당(龍山書堂)이 있다. 홍성해(1578~1646)는 임진왜란 때 향병(鄕兵) 수백 명을 이끌고 고을을 지킨 의병장이다.

송의산 松義山 Songuisan

군의 오부면 일물리와 오전리 일대에 걸쳐 있는 산이다(고도: 539m). 산의 북사면에서 발원하는 계류는 생초천에 합류하며, 송의산의 북쪽 기슭과 생초천이 만나는 일대는 농경지가 형성되어 자연마을의 취락이 발달하였다. 조선시대 산청의 주요 관찬지리지와 군현지도에는 송의산에 관련된 기록은 없다. 송의산 자락의 한재마을에는 강처문(康處文)이라는 효자의 전설이 전해진다. 강처문의 부모가 제사 음식을 즐기므로 밤이면 하루도 빠짐없이 마을과 다른 동리를 돌며 제삿밥을 얻어다가 봉양을 하곤 하였다. 그러던 어느 날 제사 소문을 듣고 찾아가서 제삿밥을 얻어 집을 나섰는데 그믐밤에 구름까지 끼어서 산길을 헤매게 되었다. 뜻밖에도 두 개의 불빛이 다가와 가까이 보니 범의 두 눈에서 나는 빛이었다. 범이 타라는 시늉을 하여 올라탔더니 쏜살같이 달려서 순식간에 집 앞에 내려놓아 부모를 온전하게 봉양할 수 있었다. 부모가 돌아가시게 되어 장사를 치르는데, 상여를 메고 강을 건너야 하지만 비가 와서 도저히 건널 수 없게 되었다. 이때 강 효자가 대성통곡을 하니 갑자기 강물이 멈춰서 상여를 무사히 건널 수 있었다고 한다. 이 소문이 알려져서 하늘이 낸 효자라고 칭송하여 나라에서 정문(旌門)을 내렸다.

오대주산 Odaejusan

군의 시천면 내공리·중태리·천평리 일대에 걸쳐 있는 산이다(고도: 642m). 남쪽으로 흰듬산과 사림산으로 이어진다. 동쪽으로 정개산, 두방산, 함미봉으로 이어지는 남북방향의 산줄기가 마주한다. 오대주산의 동사면에서 발원하는 중태천은 북쪽으로 흘러가서 덕천강에 합류한다. 산의 동사면과 서사면에는 자연마을의 취락이 형성되었다. 조선시대 산청의 관찬지리지와 군현지도에는 오대주산에 관련된 기록은 없다. 조선후기에 『두류전지(頭流全志)』를 쓴 김선신(金善臣)은 오대산(五垈山)을 지리산 명승지 중의 하나로 선정하고, "시천 서쪽으로 한 봉우리를 넘으면 다섯 봉우리가 열 지어 서 있는데 마치 대(臺)와 같다."고 기록하였다.

왕산 王山 Wangsan

군의 금서면 특리·화계리 등지에 걸쳐 있는 산이다(고도: 924m). 왕산이라는 이름은 산의 북사면에 있는 왕릉의 전설에 유래되었을 것으로 추정된다. 『신증동국여지승람』(산음)에 왕산과 왕릉에 대하여 다음과 같이 기록하였다. "왕산(王山)은 현 서쪽 10리 지점에 있다. 산중에 돌을 포개서 만든 둔덕이 있고, 사면은 모두 층계로 되었는데 왕릉이라는 전설이 있다. 왕대암(王臺菴)이 왕산에 있다." 왕산에 있었다는 왕대암에 관해, 『여지도서』에서는 "왕대암이 현 서쪽 30리의 왕산에 있었는데 지금은 없다."는 것으로 보아 조선후기 당시에는 폐찰되었음을 알 수 있다. 『대동지지』(산청)에는 가야의 구형왕릉과 왕산사(王山寺)에 대한 언급이 나온다. "가야국 구형(仇衡) 왕릉이 왕산사 뒤의 돌무더기가 둔덕이 된 곳에 있는데, 절은 구형왕이 거주한 수정궁(水晶宮)이다. 구형왕의 사당이 산 아래에 있다."고 자세히 기록하였다. 『산청군지』에는 "지리산에서 맥이 와서 왕산사(王山寺)의 주맥(主脈)을 이루었다. 김해김씨가 사당을 건립하여 수호한다."고 왕산의 내맥과 사당의 건립 및 관리 사실을 추가하여 적었다. 『대동여지도』에는 백출현(白出峴) 서편에 왕산이 표기되었다. 『비변사인방안지도』

(산청), 『해동지도』(산청), 『지승』(산청), 『광여도』(산청), 『조선지도』
(산청) 등에도 왕산사(王山寺)가 표기되었다.

월명산 月明山 Wolmyeongsan

군의 신안면 안봉리 · 신안리 · 중촌리에 걸쳐 있는 산이다(고도: 320m).
월명산의 북쪽으로는 둔철산이 있고, 남쪽으로 백마산과 적벽산으로
산줄기가 이어진다. 경호강이 월명산의 남쪽에서 비스듬히 가로지르
며 흐르다 남쪽으로 곧장 빠져나간다. 월명산 둘레의 산기슭으로 창
안마을 · 신안마을 · 산성마을 등의 자연마을이 형성되었다. 『신증동
국여지승람』(단성)에 "월명산(月明山)은 현 동북쪽 30리 지점에 있다.
청안사(靑安寺)가 있다."고 하였다. 『여지도서』(단성)에서는 "월명산은
둔철산에서 맥이 와서 월명촌의 주맥이 되었다."고 산의 내맥을 자세
히 기록하였다. 『조선지도』(단성)와 『해동여지도』(단성 · 삼가)에 월
명산이 표기되었다. 『대동여지도』에서도 둔철산의 맥을 이어 월명산
이 표기되었다.

이방산 二方山 Ibangsan

군의 삼정면 덕교리와 시천면 사리에 걸쳐 있는 산이다(고도: 716m).
웅석봉에서 남쪽으로 지맥(支脈)이 뻗어 마근담봉과 감투봉을 이루
고, 감투봉의 맥이 이방산을 이루었다. 이방산의 서사면 기슭으로는
덕천강이 북쪽에서 남쪽으로 종단하며 흐르다가 시천면 소재지에서
시천천을 합류하여 동쪽으로 흘러나간다. 이방산을 끼고 덕천강이 내

원천과 만나는 서쪽 기슭 일대는 삼장면 소재지가 형성되었고, 시천천과 만나는 남쪽 기슭의 평탄면 일대는 넓은 농경지가 발달하여 시천면 소재지가 입지하였다. 조선시대 산청의 관찬지리지와 군현지도에는 이방산에 관한 기록이 없다. 이방산 북서사면 기슭에 입지하고 있는 덕교마을 앞에는 파구정이란 곳이 있다. 원래 이름은 패구정으로 두 가지 유래의 전설이 있다. 하나는 가야의 마지막 왕인 구형왕이 신라 군사에게 쫓기면서 이곳에서 마지막 전투를 벌였다고 한다. 또 하나의 유래는 임진왜란 때에 손씨 3형제가 이끄는 의병들이 잠복하였다가 왜적을 맞아서 싸워 이긴 곳으로, 왜구를 파멸시켰다고 하여 붙은 이름이다.

적벽산 赤壁山 Jeokbyeoksan

군의 신안면 하정리에 있는 산이다(고도: 166m). 조선시대 지리지와 지도에서는 적벽으로 표기되었다. 적벽산의 북쪽으로 월명산과 둔철산으로 이어진다. 경호강이 적벽산 아래로 비스듬히 흘러오다 직각으로 꺾여서 남쪽으로 빠져나간다. 적벽산 아래의 경호강을 따로 적벽강이라고 별칭한다. 암벽에는 우암 송시열이 쓴 적벽(赤壁)이라는 글씨가 새겨져 있다고 한다. 조선시대에 적벽은 경치가 절승하여 유학자들에게 명승지로 널리 알려져서 강회(江會)하는 장소로 유명하였다. 소동파 적벽부(赤壁賦)의 뱃놀이를 모방하여 가을 음력 칠월 기망(旣望: 16일)이면 적벽강에 배를 띄우고 즐겼다. 적벽산 일대의 경치는 예로부터 아름답기로 유명하였다. 송병선(宋秉璿, 1836~1905)은 『단진제명승기(丹晋諸名勝記)』에, 단성적벽의 천하 절경을 본 것이 기뻐서 잠을 이루지 못할 정도였다고 기록하고 있다. 적벽 아래 강변에는 신안루, 경연루, 담분루 등 여섯 개의 누각이 있었다고 전한다. 『신증동국여지승람』(단성)에, "신안루(新安樓)의 다른 이름은 강루(江樓)이다. 현 동쪽 5리 지점에 있으며, 동쪽 돌벼랑에 달려 있는 듯하다. 매년 여름 장마 때면 위태하던 돌이 가끔 강에 떨어진다. 옛날 강성군이던 때에 태수가 밤에 객과 기생과 함께 배를 타고 물을 거슬러 올라가며 술을 마시는 중에 돌이 떨어져서 배에 있던 자는 모두 빠졌고, 고을의 인장도 잃었다 한다."고 기록하였다. 단성 적벽을 비롯하여 화순 적벽 등 한국에 있는 여러 곳의 적벽은 중국문화의 영향을 입은 것이다. 『비변사인방안지도』(단성), 『해동지도』(단성), 『지승』(단성), 『광여도』(단성), 『1872년지방지도』(단성) 등에도 적벽이 표기되었다. 『대동여지도』에서 둔철산과 월명산의 맥을 이어 적벽이 표기되었다.

정수산 淨水山 Jeongsusan [異] 정산(淨山), 척지산(尺旨山)

군의 산청읍 내수리와 차황면 철수리 일대에 걸쳐 있는 산이다(고도: 830m). 정산(淨山)이라고도 부른다. 덕유산에서 발원한 지맥(支脈)이 금원산과 황매산을 거치고, 황매산의 일맥이 서남쪽으로 뻗어 정수산과 와룡산을 일으켰다. 정수산의 맥은 다시 남쪽으로 둔철산과 월명산으로 이어졌다. 정수산에서 북쪽으로 남산을 거쳐 평지로 잦아든 일대에는 차황면 소재지가 위치하였고, 서사면의 지맥이 남강과 만나는 일대로는 산청읍 소재지가 입지하였다. 옛 명칭은 척지산(尺旨山)이라고 했다. 『신증동국여지승람』(산청)에 "척지산은 현 동쪽 25리 지점에 있다."고 하였으며, 같은 책(단성)에는 "척지산에 철이 산출된다."고 적었다. 『여지도서』(단성)에서도 "산청의 경계이다. 황매산에서 맥이 와서 척지촌(尺旨村)의 주맥이 되었다."고 자세한 내맥을 기록하였다. 『해동지도』(산음), 『지승』(산음) 등에 척지산이 표기되었고, 『해동여지도』(산청)과 『1872년지방지도』(산청)에는 척지령(尺旨嶺)이 표기되었다. 정수산 자락에는 651년(신라 진덕여왕 5)에 원효 대사가 창건한 율곡사(栗谷寺)가 있다. 율곡사 아래로 암벽(새신바위)가 있는데 절터를 잡을 때 이 바위에 올라 터를 정했다고 한다. 율곡사에는 다음과 같은 전설이 전해진다. "절이 완공될 무렵 법당에 단청을 하였는데, 화공은 7일 동안 절대로 법당 안을 절대로 들여다보지 말라고 하였다. 이를 궁금히 여긴 상좌승이 7일째 되던 날 몰래 문틈으로 법당 안을 보고 말았다. 그러자 새 한 마리가 붓을 물고 날아서 벽화를 그리다가 그만 붓을 떨어뜨리고 날아가 버렸다. 그 새가 날아가서 앉은 바위를 새신바라고 하였고, 지금도 법당 천장 밑 좌우 벽면에 산수화 그림이 미완성으로 남아 있다."

지리산(천왕봉) 智異山(天王峰) Jirisan

지리산 천왕봉은 산청군의 삼장면 유평리 일대에 있는 지리산의 최고봉이다(고도: 1,915m). 지리산은 백두산에서 비롯하여 낙남정맥으로 갈라지는 백두대간의 결절지이다. 지리산은 한국 3개 도, 5개 시 · 군, 15개 면에 걸쳐 있고 그중 천왕봉은 산청군의 영역에 속해있다. 지리산은 크게 낙동강 수계, 금강 수계, 섬진강 수계로 삼분되며, 산청군 영역은 낙동강 수계로 하천이 유입된다. 군의 시천면 중산리에서 천왕봉에 이르는 길은 지리산의 정상에 오르는 최단거리로서 예부터 주 등산로로 이용되었다. 『신증동국여지승람』(산음)에 "지리산은 현 서쪽 30리 지점에 있다. 사찰로는 지곡사(智谷寺)가 있으며 여기에

▲ 지리산 천왕봉

는 고려 예부상서 손몽주(孫夢周)가 지은 승려 몽월 및 진관의 두 비가 있다."고 기록되었다. 『해동지도』(산음)에 지리산이 표기되었고, 『해동여지도』(함양)에는 지리산 천왕봉이 표기되었다. 『지승』(산청)의 함양 경계부의 산맥에서는 '지리산 아래의 맥(智異山下脈)'이라고 표기하였다. 조선시대의 많은 유학자들은 지리산 천왕봉을 유람하고 유산기와 시문(詩文)을 썼다. 점필재(佔畢齋) 김종직(金宗直, 1431~1492)은 1471년 함양태수로 부임하고 이듬해에 지리산 천왕봉에 올라 일출을 맞이한 후에 "…천왕봉에 오른 노고도 잊고서, 정상에서 아득한 우주 밖을 보는구나. 광대한 첩첩 봉우리들 굽어보니, 천지의 울타리 벗어난 듯하구나…"라고 감회를 읊기도 하였다.

집현산 集賢山 Jipyeonsan

군의 생비량면 도리 일대에 있으며 진주시와 산청군의 경계를 이룬다(고도: 572m). 집현산 산줄기에서 북으로는 까치봉과 금무들산에, 남으로는 광제산에 이어진다. 집현산 북사면으로는 양천강이 동서 방향으로 가로질러 곡류하다 신안면 소재지에서 남강과 합류한다. 집현산 동사면과 서사면에는 자연마을의 취락이 발달하였다. 서사면의 양천강에 인접한 일대에는 넓은 농경지가 조성되어 산기슭으로 규모가 큰 취락이 형성되었다. 『신증동국여지승람』(단성)에 "집현산(集賢山)은 현 동쪽 15리 지점에 있고 진주 경계이다."고 하였다. 『여지도서』(단성)에서는 "집현산은 의령 자굴산에서 맥이 와서 청현촌(靑峴村)의 주맥이 되었다."고 산의 내맥을 자세히 기록하였다. 『비변사인방안지도』(단성), 『해동지도』(단성), 『지승』(단성), 『광여도』(단성), 『조선지도』(단성), 『1872년지방지도』(단성), 『대동여지도』 등의 지도에 집현산이 표기되어 있다. 집현산 자락의 청고개에는 임진왜란 당시 김준민 장군이 이끄는 군사가 이곳과 단성에서 왜적을 격퇴한 곳이기도 하다.

필봉산 筆峰山 Pilbongsan

군의 금서면 특리와 향양리 일대에 걸쳐 있는 산이다(고도: 858m). 지리산 천왕봉의 한 맥이 북서쪽으로 뻗어 왕산과 함께 인근의 필봉산을 일으켰다. 왕산과 필봉산 사이의 북사면에서 발원한 계류는 특리천으로 모이고, 필봉산의 남사면에서 발원한 계류는 금서천으로 모여 동쪽으로 흐르다가 경호강에 합류한다. 필봉산의 동사면 기슭으로는 경호강이 남북방향으로 종단하며 곡류한다. 조선시대 산청의 관찬지리지와 군현지도에는 필봉산에 관한 기록이 없다. 필봉이라는 산이름은 붓을 가리키는 것으로서 풍수적인 형국명과 관련되어 있는 이름이다. 조선시대에는 (문)필봉이 있으면 과거급제자나 문사(文士)가 난다고 하여 귀하게 여겼다. 『산청군지』에 "필봉산은 현 서쪽 10리에 있다. 지리산에서부터 맥이 와서 왕산이 되었고, 주맥은 뾰족한 봉우리가 붓과 같다."는 기록이 있다.

웅석봉 熊石峰 Ungseokbong [異] 유산(楡山), 곰석산, 곰바위산

군의 단성면 청계리와 산청읍 내리, 삼장면 홍계리 일대에 걸쳐 있는 산이다(고도: 1,099m). 지리산 천왕봉 산줄기가 동쪽으로 중봉과 하봉으로 이어지고 쑥밭재와 깃대봉을 거쳐 밤머리재에 이르러 솟은 산이 웅석봉이다. 웅석봉의 동사면으로는 경호강, 서사면으로는 시천천이 북쪽에서 남쪽으로 종단해서 흐른다. 산기슭과 하천이 만나는 일대에는 농경지가 형성되었고 자연마을의 취락이 발달하였다. 웅석봉의 옛 이름은 유산(楡山)이었는데, 유산이라는 산 이름은 『조선지도』(산청), 『1872년지방지도』(산청), 『광여도』(산음), 『비변사인방안지도』(산음) 등에도 표기되었다. 『여지도서』에서는 유산 아래에 지곡사(智谷寺)와 심적암(深寂庵)이 있다고 하였다. 『조선지지자료』에는 유산을 우리말로 곰석산이라고 한다고 기록한 것으로 보아, 지역 마을주민들에게는 곰바위산 혹은 곰석산으로도 일컬어졌음을 알 수 있다. 웅석봉의 북사면의 지곡 아래에는 통일신라시대에 응진(應眞)이 창건한 지곡사(智谷寺)가 있다. 창건 당시의 사찰 이름은 국태사(國泰寺)였다. 고려 전기에 혜월(慧月)과 진관(眞觀)이 크게 중창하여 선종 5대 산문(山門)의 하나였으며, 조선시대 산음현(山陰縣)의 대표적인 사찰로 『신증동국여지승람』에서도 기록이 확인된다. 웅석봉은 1983년에 산청군의 군립공원으로 지정되었다.

제석봉 帝釋峰 Jeseokbong

군의 시천면과 함양군 마천면의 경계에 있는 지리산의 봉우리이다(고도: 1,808m). 지리산에서 천왕봉, 중봉에 이어 세 번째로 높으며, 천왕봉에서 서쪽으로 뻗은 첫 봉우리이다. 제석봉이라는 지명의 유래는 제석봉에 있던 신당이던 제석당(帝釋堂)과 관련이 깊다. 제석봉은 제석을 산봉우리에 동일시해 숭배하여 일컬은 지명이다. 제석은 삼신제석(三神帝釋), 천주제석(天主帝釋), 제석천(帝釋天)이라고도 하는 하늘신이며, 도리천(忉利天)에 살면서 불법을 보호하는 불교의 호법선신이다. 제석은 토속신앙인 천신신앙과 결합하였고, 일연은 『삼국유사』에서 환인을 제석과 동일시하기도 하였다. 산청의 제석봉은 천왕봉의 곁에 있을 뿐만 아니라 천왕봉에 왕래하는 주요 길목이기에 조선시대의 많은 유학자들이 유람하였던 곳이다. 1586년에 지리산을 유람하고 『두류산기행록』을 쓴 양대박(梁大樸, 1543~1592)은 "제석봉을 바라보니 그 형세가 하늘을 떠받들고 있는 듯 장엄하게 우뚝 솟아 있었다."라고 형용하였다. 『지리산기(智異山記)』를 쓴 허목(許穆, 1595~1682)은 "군자사의 남쪽 절벽을 따라 백무동을 거쳐 제석봉에 올랐다."고 기록하고 있다. 제석봉 아래에는 제석당(帝釋堂)이라고 있었다. 송광연(宋光淵, 1638~1695)은 『두류록(頭流錄)』에서 "제석당에 이르렀는데, 모양이 영신당과 흡사했지만 전망이 훨씬 나았다."고 한다.

중봉 中峰 Jungbong [異] 중산(中山)

군의 시천면 중산리에 있는 봉우리이다. 지리산 천왕봉이 동북쪽으로 맥을 뻗어 솟은 첫 봉우리가 중봉이며, 중봉에서 하봉과 두류봉으로 맥이 이어진다. 예전에는 중봉과 함께 중산(中山)이라고도 불렀음을 김종직(金宗直, 1431~1492)의 『유두류록(遊頭流錄)』에서 확인할 수 있다. 중봉이라는 명칭의 유래에 관해서도 『유두류록』에 서 말하고 있는데, "함양군에서 엄천리로 올라오는 자는 북쪽 제2봉을 중봉으로 여긴다. 마천에서 올라오는 자는 증봉(甑峰)을 제1봉으로 중산을 제2봉으로 여긴다. 그러므로 이 봉우리를 중(中)이라고 일컬은 것이다."라고 하였다. 중봉은 흙으로 덮여있고, 중봉 아래에는 마암(馬岩)이 있으며, 중봉 아래의 샘에는 기우(祈雨) 풍습이 있었다. 『유두류록』에, "남쪽 능선을 타고 중봉에 올랐다. 이 산 속에 우뚝 솟은 봉우리는 모두 돌로 되었는데, 유독 이 봉우리만은 흙으로 덮여 중후하였다. 조금 아래로 걸어 내려가다가 마암에서 쉬었다. …중봉에서 조금 내려가면 샘이 있는데 가뭄이 들면 사람을 보내 바위에 올라 뛰게 하면 반드시 비가 내린다고 한다."고 기록하였다. 조선후기에 『두류전지』라는 지리산의 산지(山誌)에는 지리산 명승지 중의 하나로 중봉이 포함되었다.

촛대봉 Chotdaebong [異] 촉봉(燭峰), 촉대봉(燭臺峰)

군의 시천면과 함양군 마천면의 경계에 있으며, 지리산 주능선의 한 봉우리이다(1,703m). 천왕봉에서 서쪽 노고단 방향으로 제석봉, 연하봉을 거쳐 촛대봉에 이르며 다시 칠선봉과 덕평봉으로 향해 이어진다. 촛대봉의 남사면 계류는 거림계곡으로 모아지고, 북사면의 계류는 한신계곡으로 모인다. 봉우리의 모양이 촛대와 같이 뾰족하게 솟아있어 이름 붙은 것으로 추정된다. 촛대봉의 옛이름은 촉봉(燭峰) 혹은 촉대봉(燭臺峰)이었다. 촉봉 혹은 촉대봉이 오늘날의 한글 명칭으로 촛대봉이 되었다. 1879년에 지리산을 유람하고 쓴 송병선(宋秉璿, 1836~1905)의 『두류산기(頭流山記)』에는 "촉봉(燭峰)이 우뚝 솟아 있었다."는 표현이 나온다. 정기(鄭琦, 1879~1950)의 『유방장산기(遊方丈山記)』에는 촉대봉(燭臺峰)으로 나오는데, "운무를 헤치고 천왕봉을 향하는데 겨우 촉대봉(燭臺峰)에 이르렀다. 북풍에 비바람이 불고 운무가 날려 지척도 분간할 수 없었다."고 기록하고 있다.

효염봉 孝廉峰 Hyoyeombong

군의 차황면 우사리 일대에 있는 산이다(고도: 648m). 황매산이 서남쪽으로 한 지맥을 뻗어서 효염봉을 이루었다. 정수산과 황매산 사이에 있는 효염봉은 동쪽과 서쪽에 남북방향으로 길게 골짜기를 이루었고 넓은 농경지가 형성된 곳에는 자연마을이 입지하였다. 효염봉에는 베틀굴, 박쥐굴, 누운굴이라는 이름의 천연석굴이 있다. 조선시대 산청의 주요 관찬지리지와 군현지도에는 효염봉에 관한 기록이 없지만, 근대에 편찬된 『산청군지』(1958)에, "효염산(孝廉山)은 현 북쪽 30리에 있다. 황매산에서부터 맥이 와서 우사촌(愚仕村)의 주맥(主脈)이 되었다. 경재(敬齋) 이세주(李世株), 효염재(孝廉齋) 이경주(李擎柱)가 피난했던 유적지이다."라고 기록하였다. 이로써 본다면 효염봉이라는 명칭은 효염재 이경주(1500~1597)의 호(號)에 유래되어서 이름 붙었을 가능성이 있다. 효렴봉 아래의 철수골에는 용소(龍沼)가 있다. 용소에는 유림들이 바위에 글씨를 새기고 노닌 흔적을 볼 수 있다. 날씨가 가물면 여기에서 기우제를 올리기도 했다. 효렴봉 아래에는 효산서원(孝山書院)이 있는데 김자수(金自粹), 김영유(金永濡), 김상례(金商禮)를 배향한다.

쑥밭재 Ssukbatjae [異] 애전령(艾田嶺)

군의 삼장면 유평리에 있는 고개이다. 지리산 천왕봉에서 북쪽으로 중봉과 하봉을 거쳐 쑥밭재에 이르며, 쑥밭재를 경계로 동남쪽으로는 덕천강 상류와 북서쪽으로는 칠선계곡의 물줄기가 나뉜다. 쑥밭재는 조선시대 유학자들이 산청의 덕산에서 대원사를 거쳐 지리산 천왕봉으로 오르는 지리산 유람 코스의 길목에 있었다. 쑥밭재는 예전에는 애전령(艾田嶺)이라고 일컬었으며, 쑥밭재는 한글 명칭임을 알 수 있다. 1877년에 박치복(朴致馥, 1824~1894)는 "계곡을 따라 절벽을 붙잡고 올라 애전령(艾田嶺)에 이르렀다."고 『남유기행(南遊記行)』에 기록하였다. 또는 초령(草嶺)이라는 명칭도 나타난다. 1610년에 박여량(朴汝樑, 1554~1611)은 천왕봉을 유람하고 하산하는 데, "초령(草嶺)을 넘었다. 초령은 함양과 산음으로 나뉘는 두 갈래 길의 분기점이었다."라고 『두류산일록(頭流山日錄)』에 기록하고 있으니, 초령은 지금의 쑥밭재를 가리킨다.

대원사계곡 大源寺溪谷 Daewonsagyegok

▲ 대원사계곡

군의 삼장면 유평리 일대에 있는 계곡이다. 지리산 주능선의 동북사면과 왕등재 사이에서 발원한 물줄기가 모여 대원사를 끼고 골짜기를 이루며 남서쪽으로 흘러나가 덕천강의 상류를 이룬다. 계곡의 명칭은 대원사라는 고찰로 말미암아 유래되었다. 대원사는 548년(신라 진흥왕 9) 연기조사에 의해 창건되었다. 창건 당시의 이름은 평원사였다. 임진왜란 때 전소되었으며, 1685년(숙종 11)에 중창하여 대원암이라고 하였다가 1890년(고종 27년)에 재중창하여 대원사라고 하였다. 1948년이 여수·순천사건 당시의 빨치산 토벌과정에서 또 한 차례 모두 불타고 1955년에 재건되었다. 대원사계곡은 지리산 천왕봉에서 중봉과 하봉을 거쳐 쑥밭재와 새재, 왕등재, 밤머리재로 해서 웅석봉으로 이어지는 산자락에서 발원한 계류가 모여서 형성된 것이다.

용소 龍沼 Yongso [異] 龍湫

군의 시천면 중산리에 있는 용소이다. 용추(龍湫)라고도 부른다. 용소에 관해 다음과 같은 전설이 있다. "이 용소에는 큰 용이 살고 있었다고 한다. 날이 더우면 용이 나와서 턱을 고이는 바위가 있어 그 바위를 턱거리바위(掛頤岩)이라고 부른다. 이 용소는 영험이 있는 곳으로 알려져 가뭄이 들면 기우제를 지냈다."

문창대 文昌台 Munchangdae

군의 시천면 중산리에 있는 석대(石臺)로서 고운 최치원과 관련된 유적지이다. 옛 기록에는 세존암이라고도 일컬었다. 문창대는 법계사 남쪽 500m 지점의 세존봉 아래에 거대한 바위로 서 있다. 최치원이 함양태수로 있을 때 법계사를 왕래하면서 문창대에 올라 향적대의 바위를 과녁으로 활을 쏘았다고 하여 시궁대(矢弓臺) 혹은 고운대(孤雲臺)라고 했다가 문창대로 개명하였다고 한다. 문헌에서 문창대라는 언급은 성여신(成汝信, 1546~1632)이 1617년에 중산리 법계사를 통해 천왕봉을 유람한 후에 유두류산시(遊頭流山詩)를 남기면서 처음 소개되었다. 그 시의 내용 중에는 "황혼 무렵 겨우 법계사에 이르렀네… 서쪽에 문창대 솟아 있으니 고운이 옛 자취 남긴 곳이네. 바위에 고운의 필적 새겨 있다하는데 험하고 가파른 절벽이라 가볼 길이 없네."라는 문창대에 관한 내용이 있다. 『두류전지(頭流全志)』에도, "법계사 문 서쪽 수십 보 지점에 있다. 최고운이 노닐던 곳이다. 북쪽으로 5리쯤 되는 곳에 우뚝한 바위가 바로 세존봉이다."라고 기록하였다. 강병주(姜柄周)의 『두류행기(頭流行記)』(1896)와 김회석(金會錫)의 『지리산유상록(智異山遊賞錄)』(1902)에도 문창대에 대한 기록이 있다. 문창대에는 석천(石泉) 혈이 있는데, 이 샘은 큰 가뭄에도 마르지 않는 신령한 샘으로 여기에서 기우제를 지내기도 하였다고 전한다.

조산 造山 Guinsan

산청 읍치의 형세를 비보하기 위해 풍수적 목적으로 조성했던 인공산이다. 고지도에 의하면, 객사 맞은편에 읍치영역으로 들어오는 국내(局內)의 입구에 조산이 위치하였음을 추정할 수 있다. 『해동지도』(산청), 『지승』(산청)에는 3개의 조산이 그림으로도 표현되었다. 조산과 관련된 지명으로, 산청읍 옥동리에는 조산거리라는 지명이 전해진다. 조산거리는 사동 남쪽 경호강 가(종고밑)의 길로서, 강물이 넘치지 못하게 강언덕에 둑을 쌓았다고 하여 그 근처를 조산거리라고 불렀다. 조산은 군민들을 동원하여 쌓았다는 말이 전해진다.

세석 細石坪田 Seseok

　군의 시천면 내대리 일대에 있는 평원이다. 잔돌이 많은 평야와 같다고 하여 세석평전이란 이름이 붙었다. 조선시대 유학자들의 지리산 유산록에는 외세석(外細石), 내세석(內細石), 세석평(細石坪), 세석평전(細石坪田) 등의 관련 지명들이 등장한다. 그 중에서 현재의 명칭으로 굳어져 있는 세석평전이라는 용어는 일제강점기 이후 부터 일컬어졌던 것으로 추정된다. 1807년 4월 2일에 지리산을 유람한 하익범(1767~1815)의 『유두류록(遊頭流錄)』에는 세석평지(細石平地)라고 기록되어 있다. 그리고 송병선(1836~1905)의 『지리산북록기(智異山北麓記)』와 『두류산기(頭流山記)』에는 세석평(細石坪)이라고 기록하였다. 세석평전이라는 용어는 1940년 4월에 지리산을 유람하였던 이병호(1870~1943)의 『유천왕봉연방축(遊天王峰聯芳軸)』에 나온다. 그 밖에도 20세기 초반의 지리산유산기인 김택술의 『두류산유록(頭流山遊錄)』, 정기의 『유방장산기(遊方丈山記)』, 정덕영의 『방장산유행기(方丈山遊行記)』 등에도 세석에 대해 언급되었다.

씰고개 米峴 Ssilgogae [異] 이현, 쌀고개, 미현

　군의 산청읍 지리 동쪽에서 부리로 넘어가는 고개이다. 씰고개의 유래에 대하여 다음과 같은 설화가 전해진다. 지리(池里)의 덕촌마을 동편에는 함양 오씨의 선조 묘가 있다. 전해지는 말로 덕계(德溪) 오건(吳健: 1521~1574)의 묘가 풍수설로 닭혈이었다. 묘 아래쪽은 닭의 먹이가 되는 딩겨라 하여 딩기실, 묘 앞의 이 고개는 쌀고개라고 해서 상호 형국이 부응되므로 후손들이 날로 번창했다고 한다. 그런데 어느 날 탁발 온 스님을 푸대접하자 그 도승이 씰고개(이현)라고 하면 닭이 달아나지 못해서 더욱 번창할 것이라고 하였다. 그 말대로 고개 이름을 고친 후로는 집안이 쇠퇴하고 말았는데, 그 까닭은 이(狸: 삵)가 닭을 잡아먹었기 때문이라고 한다.

용바위 Youngbawi

군의 차황면 부리 매곡에 있는 바위이다. 용바위에 관해 다음과 같은 전설이 있다. 옛날 이곳 용소에서 살던 용이 밤이 되면 동네에 들어와서 사람과 가축을 잡아먹으며 해롭게 하였다. 하루는 이 마을에 도승이 찾아와서 말하기를, "용은 물이 없으면 죽을 것이니 용소로 들어오는 물을 다른 곳으로 돌리고, 용소에 담긴 물을 빠지게 하라"고 하였다. 그 말대로 하니 정말 용소의 물은 마르고 용은 그 자리에 죽어서 화석이 되었으니, 그것이 용바위라는 것이다.

선유동계곡 仙遊洞溪谷 Seonyudonggyegok

군의 신안면 안봉리에 있는 계곡이다. 둔철산, 시루봉, 투구봉에서 흘러내린 계류가 선유동 계곡을 형성하였다. 신선이 노닐었다고 여겨질만큼 동천(洞天)의 선경이 펼쳐져서 이름 붙었다. 계류는 서남쪽으로 흘러나가다가 남강으로 합류한다. 1744년에 황도익(黃道翼, 1678~1753)이 지리산을 유람하고 쓴 『두류산유행록(頭流山遊行錄)』에는 "선유동을 찾아가자 가을빛이 온 골짜기에 깊이 물들어 붉은색과 푸른색으로 잘 짜인 비단 같았다. 그 가운데로 옥계가 흘렀는데, 소리가 매우 맑았다.

흐르는 물소리가 유람하는 사람들의 감상을 흥겹게 하였다."고 기록하고 있다. 선유동에는 용소가 있어 절경을 이루고 신선이 놀았다고 전해진다. 전설에 의하면 이 용소에서 용이 승천하였다고 하며, 용소의 바위에는 용이 지나간 자리로 푸른 줄이 선유동까지 뻗쳐있다고 한다. 용소의 암반 아래에는 용굴도 있으며, 용소에서 기우제를 지냈다고 한다.

중산리계곡 中山里溪谷 Jungsalligyegok

군의 시천면 중산리에 있는 계곡이다. 지리산 천왕봉의 주맥에서 발원한 계류가 모여서 중산리계곡을 이루었다. 중산리계곡은 지리산 천왕봉에 이르는 최근거리의 길로서, 일찍이 김종직(金宗直)을 비롯하여 김일손(金馹孫), 조식(曺植), 이륙(李陸)과 같은 유학자들이 중산리를 경유하여 천왕봉에 올랐다. 중산리는 본래 진주군 시천면 관할로서 중산(中山)이라고 했는데 1914년에 행정구역 개편 때 동당의 일부를 편입하여 중산리라고 하였다. 유산기에는 중산촌(中山村)이라는 명칭으로도 다수 등장한다. 이동항(李東沆, 1736~1804)의 『방장유록(方丈遊錄)』에는 "중산동(中山洞) 골짜기를 굽어보았다. 덕천에서 천왕봉을 오르는 길과 벽취령에서 오르는 길이 모두 이곳에서 합쳐진다. … 오대사, 묵방사, 삼장사, 대원사 등이 모두 겹겹의 골짜기 속에 숨어 있었다."라고 기록하였다.

고운동계곡 孤雲洞溪谷 Goundonggyegok

군의 시천면 반천리에 있는 계곡이다. 지리산 삼신봉의 지맥에서 발원한 계류가 동남쪽 방향으로 골짜기를 이루었다. 반천계곡의 중간 일대를 고운동 계곡이라고 별칭한다. 이보림(李寶林, 1903~1974)의 『천왕봉기(天王峯記)』에는 천왕봉에서 고운동(孤雲洞)을 거쳐 하산하는 행로를 기록하였다. 고운동계곡의 명칭은 최치원(崔致遠)의 호인 '고운'에서 연유하였다. 최치원은 지리산에 많은 유적과 전설은 남긴 대표적인 지리산인(智異山人)이다. 고운동을 비롯하여 쌍계사 석문과 진감국사 대공탑비, 문창대, 세이암, 환학대 등의 고운과 관련된 여러 유적이 전해진다. 고운동계곡이 있는 반천리에는 자연마을로서 고운동(孤雲洞)이 있고, 고운동골, 고운동재 등의 관련 지명과 최치원이 은거할 때 글을 새긴 바위로서 고운바구(고운바위)라는 지명도 있다.

백운동계곡 白雲洞溪谷 Bagundonggyegok [異] 삼유동(三遊洞)

군의 단성면 백운리에 있는 계곡이다. 남명 조식(曺植)이 이곳을 세 차례나 유람하였다고 하여 삼유동(三遊洞)이라고도 한다. 지리산의 동쪽 지맥인 웅석봉이 남쪽으로 맥이 뻗어 마근담봉을 이루고, 마근담봉과 백운산 사이에서 발원한 계류가 백운천과 백운동 계곡을 이루었다. 백운천은 남쪽으로 흘러나가다가 덕천강에 합류한다. 1487년에 지리산을 유람하고 쓴 남효온(南孝溫, 1454~1494)의 『지리산일과(智異山日課)』에는 "백운동을 지나는 골짜기 물은 덕천수(德川水)와 합해져 태연(苔淵)이 되고 이것이 아래로 흘러 진주의 남강이 된다."고 기록하였다. 백운동 계곡은 인근 시천면 사리에 거처를 하였던 남명 조식과 관련된 유적도 전해지는 현장이기도 하다. 백운동(白雲洞), 용문동천(龍門洞天), 영남제일천석(嶺南第一泉石), 남명선생장지소(南冥先生杖之所) 등의 글자가 암석에 새겨져 있다. 남명은 여기에서 "푸르른

산에 올라보니 온 세상이 쪽빛과 같은데 사람의 욕심은 그칠 줄을 몰라 아름다운 경치를 보면서도 세상사를 탐한다."라는 시를 읊었다. 백운동에는 백운동 7현(賢)에 관한 이야기도 전한다. 다지소, 청의소, 아함소, 장군소 등 20여 개에 이르는 폭포와 소마다 이름이 붙어 있다고 한다. 골짜기 주변엔 화장암, 한림사, 용문암 등의 암자가 있었다.

오봉계곡 五峰溪谷 Obonggyegok

군의 금서면 오봉리에 있는 계곡이다. 지리산 천왕봉에서 동북쪽으로 중봉과 하봉을 거쳐 쑥밭재로 맥을 뻗는데, 그곳에서 발원한 계류가 모여 오봉계곡을 형성하였다. 오봉리와 방곡리를 끼고 동북쪽으로 물줄기가 흘러나가다가 임천에 합류한다. 오봉이라는 명칭의 유래는 마을 북쪽에 다섯 개의 산이 봉우리를 이루었기 때문에 유래되었거나, 혹은 마을을 향해 다섯 개의 산줄기가 뻗어 내렸기 때문에 붙은 이름이라고 전한다. 1680년에 송광연(宋光淵, 1638~1695)이 지리산을 유람하고 쓴 기록인 『두류록(頭流錄)』에는 "오봉촌(五峰村)에 도착하였다. 그곳은 섬진강 하류로 다섯 개의 봉우리가 나열해 있는데, 마치 작은 정자가 날개를 펴고 강가에 임해 있는 듯한 빼어난 경관이었다."라고 기록하였다.

니구산 尼丘山 Nigusan

군의 단성면 남사리에 있는 산이다. 서부경남지역의 조선시대 양반촌으로 널리 알려진 남사마을의 주산이다. 원래 니구산은 중국의 산동

▲ 니구산

성 곡부에 있는 산으로 공자가 태어난 곳으로 유명하다. 조선시대에 유
교를 숭배하였던 사회적인 이데올로기의 영향을 받아 공자의 탄생지인
니구산은 조선 사대부 마을의 뒷산으로 동일시되어 같은 지명을 얻고,
니구산 아래의 남사마을은 유학의 본향으로 상징화되었다. 『대동지지』
(단성)에서 "니구산(尼邱山)은 서쪽 5리에 있다."고 기록되었다. 니구산
의 산줄기에 대하여 『대동여지도』에서는, 지리산의 동쪽 지맥(支脈)이
삼장산과 유산(웅석봉)을 거쳐 니구산에 이르는 내맥을 표현하고 있다.
『조선지도』(단성), 『해동지도』(단성)에도 니구산이 표기되었다.

광제산 廣濟山 Gyangjesan

군의 신기리와 진주시 명석면 덕곡리 · 외율리 · 계원리 일대에 있
다(고도: 420m). 북으로는 집현산으로 산줄기가 이어진다. 산의 남사
면과 동사면 기슭에 농경지가 형성되었고 자연마을의 취락이 발달하

였다. 광제산 정상부에는 봉수대가 있었다. 광제산 봉수대는 조선 세종 때 축조된 것으로 추정되며, 한양의 남산과 경남의 동래를 연결하는 직봉(直烽)을 보조하는 간봉(間烽)으로서 남으로는 진주 망진산 봉수와 북으로는 단성 입암산 봉수와 상응하였다. 『신증동국여지승람』(단성)에, "입암산 봉수는 남쪽으로 진주 광제산(廣濟山)에 응하고, 북쪽으로 삼가현 금성산에 응한다."고 기록하였다. 『대동여지도』에도 광제산 및 봉수의 표기가 되어있다. 광제산에는 자웅석(혹은 鳴石, 운돌)이라는 민속신앙물이 있으며 여기에서 매월 3월 3일에는 동제를 지낸다고 한다.

대성산 大聖山 Daeseongsan

군의 신등면 양전리에 있는 산이다(고도: 593m). 둔철산에서 동쪽으로 맥을 뻗어 대성산을 이루었다. 대성산의 북사면에서 발원한 계류는 율현천으로 모이고, 남사면의 계류는 안봉천으로 모인다. 대성산 남사면 골짜기로 선유동 계곡이 있다. 북사면 기슭이 율현천과 만나는 일대에는 넓은 농경지가 형성되고, 자연마을의 취락이 발달하였다. 대성산에는 686년(신문왕 6)에 의상대사가 창건한 것으로 알려진 정취암(淨趣庵)이 있다. 정취암에는 의상과 원효의 전설이 다음과 같이 전해 내려온다. "대성산 정취암의 의상은 근처의 정수산 율곡사에 있는 원효와 종종 도력을 겨루었다. 의상은 하늘에서 내려주는 음식을 먹으며 수도를 하고 있는데 하루는 점심에 원효가 밥을 얻어먹으러 왔다. 그러나 아무리 기다려도 하늘에서 음식이 내려오지 않아 원효는 그만 돌아가고 말았다. 원효가 돌아가자 선녀가 음식을 가지고 내려오기에 의상이 까닭을 물으니 원효를 호위하는 여덟 신장이 길을 막아 내려오지 못했다고 하였다. 이에 의상은 깨달은 바가 있어 이후 부터 음식을 사양했다."

내산 來山 Laesan

군의 단성면 성내리에 있으며 단성현의 진산이다. 내산은 지리산 동쪽으로 뻗은 일맥이 경호강을 끼고 삼장산과 계명산으로 동남진하 다가 니구산 다음에 경호강에 다다르면서 맺은 것이다. 『신증동국여 지승람』(단성)에, "내산(來山)은 현 북쪽 1리 지점에 있으며 진산이다. 지리산 현 서쪽 41리 지점에 있다."고 하였으며, 『여지도서』(단성)에 는 "진주 지리산에서 산줄기의 맥이 와서 읍치의 주맥(主脈)이 되었 다."고 기록하였다. 내산의 위치는 현대 지도에는 나와 있지 않지만 읍치의 위치와 관련하여 지리지와 고지도로 비정해 보면 단성초등학 교 뒷산으로 추정된다. 단성현 읍치는 현 단성면 성내리와 강루리에 시기를 달리하며 있었는데, 성내리 읍치의 중심지는 지금의 단성초등 학교이다. 따라서 읍치의 북쪽 1리에 있다는 내산은 현재의 단성초등 학교 뒷산이다. 내산은 높이와 규모가 작아 한 야산으로서 오늘날에 는 큰 의미를 두지 않지만, 조선시대에는 단성 읍치의 진산으로서 위 상이 높았고 따라서 지리지와 군현지도에 중요하게 표기되었다.

회계산 會稽山 Laesan [異] 뒷산

회계산은 현대 지도뿐만 아니라 조선시대 산청의 지리지나 군현지 도에도 위치 정보가 일치하지 않아서 정확한 현 소재지의 비정에 어

러움이 있다. 『1872년지방지도』(산청) 등의 군현지도를 근거해 볼 때
는 산청 군청의 뒷산인 산청읍 옥산리의 산이고, 그렇다면 회계산은
산청 읍치의 풍수적인 주산이 된다. 『비변사인방안지도』(산음)와 『광
여도』(산음)에는 관문으로부터 5리 거리라고 주기(註記)에 기록하고
지도에 표시하였는데, 실상 지도상의 표현으로는 읍치의 뒷산으로 보
인다. 산청문화원에서 편찬한 『산청지명고』(1996)에서도 회계산은 군
청 뒷산이고 별칭으로 딧산이라 부른다고 적고 있다. 이 산 바깥쪽으
로는 S자 모양의 남강이 굽이치고 동남쪽으로 빠져나가고, 안쪽으로
는 산청군 소재지(옛 산청 읍치)가 입지하였다. 『대동지지』(산청)에는
"동북 10리에 있다."고 회계산의 위치가 기록되었고, 『대동여지도』에
도 그에 맞추어 읍치로부터 10여리 거리에 표현되고 있다. 이에 근거
한다면 현재 와룡산의 위치 정도로 추정된다.

오봉산 五峰山 Guksabong

군의 금서면 방곡리에 있는 산이다. 오봉마을의 뒤에 위치한다.
『여지도서』(산청)나 『산청군지』의 산천 소개에 오봉산이 기재되어 산
청의 주요 산 중의 하나로 취급되었다. 오봉산의 위치에 관하여, 『산
청군지』에 "지리산에서부터 산줄기가 와서 오봉촌(五峰村)의 주맥이
되었다."고 하였으니, 오봉촌은 현재 방곡리의 오봉마을이고 오봉산
은 그 뒷산(주산)임을 알 수 있다. 『산청지명고(山淸地名攷)』에도 오봉
산은 오봉 뒤쪽에 있는 산이라고 하였다. 『여지도서』에 "오봉산은 현
서쪽 30리에 있다. 오봉산 아래에는 화림암(花林庵)이 있다."라고 기
록하였다. 조선시대 산청의 군현지도에는 오봉산은 표기되지 않았다.
다만 『비변사인방안지도』(산음)와 『1872년지방지도』(산청)에는 오봉

산에 있는 화림암이 표기되었다. 노광무(盧光懋, 1808~1894)가 1840년 4월에 유람하고 쓴 기록인 『유방장기(遊方丈記)』에 "산청 오봉촌에서 화림사에 이르러 점심을 먹고 집으로 돌아왔다."는 기록과, 1871년의 유람 기록인 배찬(裵瓚, 1825~1898)의 『유두류록(遊頭流錄)』에 "저물녘에 화림암에 닿았다."는 기록으로 보아 19세기 말 당시까지 화림암이 유지되었음을 알 수 있다. 1849년 윤4월에 민재남(閔在南, 1802~1873)이 지리산을 유람하고 쓴 기록인 『유두류록(遊頭流錄)』에도 당시의 화림암이 다음과 같이 묘사되어 있다. "화림암에 이르렀는데, 담장과 벽이 무너지고 적막하여 인기척이 없었다. 곡루(曲樓)에 오르려는데 가시덤불이 계단을 막고 있었다. 그것을 피하여 부엌의 서쪽으로 돌아 들어가니 머리가 벗겨진 노승이 해를 향해 졸고 있었다."

제3부
경상남도 함양

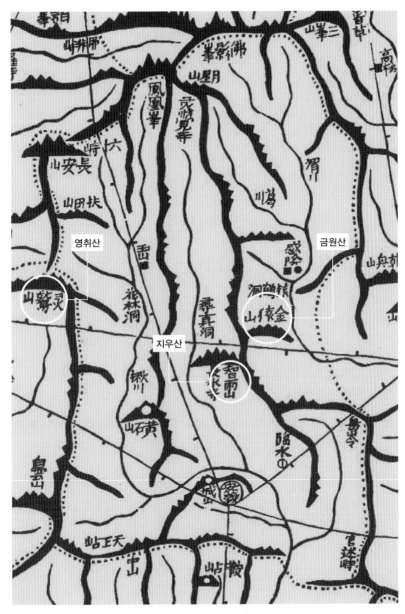

▲ 『대동여지도』의 금원산, 지우산, 영취산

백암산

▲『해동여지도』의 백암산

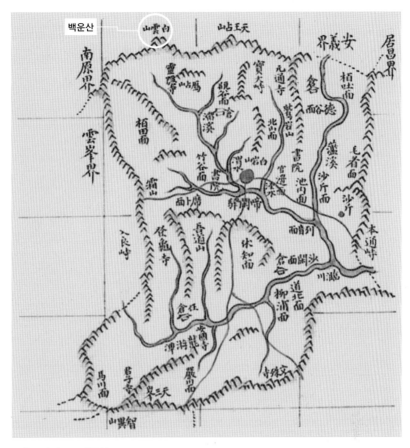

백운산

▲『조선지도』백운산

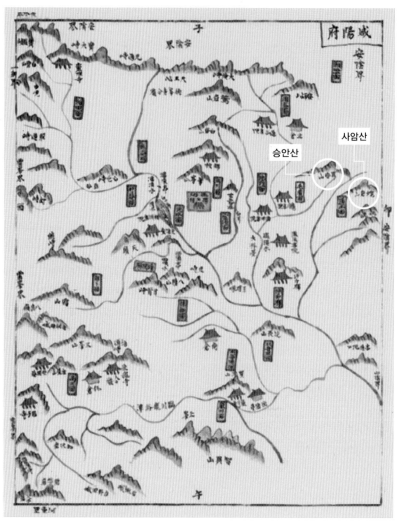

▲『광여도』(함양)의 사암산, 승안산

경상남도 함양

─

함양군 Hamyang-gun

도의 중앙 서부에 위치한 군이다. 동쪽과 북쪽으로 거창군, 동남쪽으로 산청군, 서쪽으로 남원시와 장수군, 남쪽으로 하동군과 접해있다. 조선후기에는 군을 둘레로 산청·진주·하동·운봉·남원·안의와 연접하였다. 1914년에 안의군의 7개면이 함양군으로 편입, 통합되었다. 군청소재지인 함양읍과 10개 면을 관할한다.

함양군의 옛 이름은 속함군과 천령군이었다. 『삼국사기지리지』에 "천령군은 본시 속함군으로, 경덕왕이 개명하였는데 지금의 함양군이고, 영현(領縣)이 둘이다."는 기록이 있다. 『고려사지리지』에 의하면, 함양군이라는 이름은 고려시대 때 개명된 것임을 알 수 있다. 고려 성종 14년에 함양군(含陽郡)으로, 뒤에 다시 함양군(咸陽郡)으로 바꾸었다고 하였다. 『신증동국여지승람』(함양)에 "고려 성종(成宗)이 승격시켜서 허주도단련사(許州都團練使)로 삼았으나, 현종은 함양군(含陽郡)으로 강등하여 합주(陜州)에 예속시켰고, 뒤에 함(含)을 함(咸)으로 고쳤다. 명종이 다시 강등시켜서 현으로 만들고 감무를 두었는데, 본조 태조 4년에 군으로 승격하였다."는 관련 내용이 있다. 조선후기의 함양군 행정구역에 관해, 『여지도서』(함양)에 의하면 도북면(道北面)·백토면(栢土面) 등 18개 면으로 이루어져 있었고, 이 행정구역은 『구한국행정구역일람』에 반복되는 것으로 보아 구한말까지 그대로 유지되었음을 알 수 있다. 1895년에 23부제 실시에 따라 진주부 함양군이 되었다. 1914년에 안의군의 7개 면인 현내(縣內)·황곡(黃谷)·초점(草岾) 등을 편입하여 13개의 면으로 통합되었다. 1957년에는 석복면을 함양면에 편입하여 함양읍으로 승격하고 1읍 10면으로 개편하여 오늘날에 이른다.

함양읍 Hamyang-eup

군의 중부 서편에 자리 잡고 있는 읍이다. 동쪽으로 유림면, 서쪽으로 남원시와 접한다. 남쪽으로 삼봉산을 경계로 마천면과 접하며, 북쪽으로 병곡면과 지곡면을 접한다. 함양위천이 서북쪽 산지에서 발원하여 읍을 에워싸고 동쪽으로 흘러나가다 남강에 합류한다. 조선시대 함양군의 읍치가 있던 곳이다. 조선시대에 부내면(府內面)이라고 하였는데, 『여지도서』(함양)에 "부내면은 관문으로부터 1리 거리이다."라고 기록하였다. 1895년에 부내면을 원수면(元水面)으로 고쳤고, 1914년 일제의 행정구역 통폐합 때 북천면의 10개 동과 관변면의 5개 동을 병합하여 위성면(渭城面)이라고 하고 대덕리·교산리 등 7개 동을 관할하였다. 그 뒤 1933년에 함양면으로 고쳐 부르다가 1957년에는 석복면(席卜面)을 함양면에 편입하여 함양읍으로 승격하였다.

1988년에는 함양읍 상동(上洞) · 하동(下洞)을 운림리(雲林里) · 용평리(龍坪里)로 개칭하였다. 현재 15개의 법정리와 43개의 행정리를 관할하고 있다. 함양군의 행정, 교통, 관광, 문화의 중심지이며, 대전~통영간 고속도로와 88올림픽 고속도로가 교차하는 교통의 요지이다.

마천면 Macheon-myeon

군의 남부 끝에 있는 면이다. 동쪽으로는 산청군, 서쪽으로는 남원시와 접한다. 남쪽으로는 지리산지에 이어져 천왕봉 · 형제봉 · 덕평봉 · 촛대봉의 주능선과 경계를 이루고 있다. 북쪽으로는 삼봉산을 경계로 함양읍과 휴천면에 연접한다. 삼봉산 · 백운산 · 장암산 · 지리산 주능선으로 둘러싸인 분지지형을 이룬다. 지리산지에서 발원하여 북쪽으로 흐르던 하천 들은 임천으로 합류하여 동북쪽으로 흘러나가다가 남강에 합류한다. 『여지도서』(함양)에 "마천면은 관문으로부터 10리 거리이다."라고 기록하였다. 1914년의 행정구역 개편 때 22개 동으로 이루어졌던 마천면이 삼정리(三丁里) · 강청리(江淸里) 등 9개 리로 이루어진 마천면으로 통합, 개편되었다. 관할 행정구역은 9개 법정리로 이루어져 오늘에 이른다.

백전면 Baekjeon-myeon

군의 서부 끝에 있는 면이다. 동쪽으로는 병곡면과 접하고 있고, 서쪽으로는 백운산 · 월경산 · 봉화산을 경계로 전라북도 장수군 번암면과 경계를 이룬다. 남쪽으로는 남원시 아영면과 접하고, 북쪽으로는 백운산을 경계로 장수군과 접한다. 면 주위가 산지로 둘러싸인 분지를 이루고 있으며, 산지에서 발원하는 평정천, 오천천, 백운천이 면을 북쪽에서 남쪽으로 종단하다가 동쪽으로 흘러나가는 함양위천에 합수한다. 『여지도서』(함양)에 "백전면은 관문으로부터 45리 거리이다."라고 기록하였다. 1914년의 행정구역 개편 때 28개 동으로 이루어졌던 백전면이 운산리(雲山里) · 백운리(白雲里) 등 8개 리로 구성된 백전면으로 통합, 개편되었다. 관할 행정구역은 8개 법정리로 이루어져 오늘에 이른다. 면소재지는 양백리에 있다가 평정리로 옮겼다.

병곡면 Byeonggok-myeon

군의 서부에 있는 면이다. 동쪽으로는 지곡면, 서쪽으로는 백전면, 남쪽으로는 함양읍에 접한다. 북쪽으로는 괘관산을 경계로 서하면과 접한다. 북쪽 산지에서 옥계천, 월암천, 광평천이 남쪽으로 흐르고, 남쪽 산지에서 연덕천이 북쪽으로 흐르다가, 병곡면을 서쪽에서 동쪽으로 가로지르는 함양위천에 합류한다. 『여지도서』(함양)에 "병곡면은 관문으로부터 15리 거리이다."라고 기록하였다. 1914년의 행정구역 개편 때 19개 동으로 이루어졌던 병곡면이 옥계리(玉溪里) · 원산리(元山里) 등 7개 리로 구성된 병곡면으로 통합, 개편되었다. 관할 행정구역은 7개 법정리로 이루어져 오늘에 이른다.

서상면 Seosang-myeon

군의 북부 끝에 위치한 면이다. 북쪽으로 덕유산 주능선과 경계를 이루고 장수군 및 거창군과 접한다. 동쪽으로는 안의면, 서쪽으로는 장수군과 접하였다. 남쪽으로는 서하면과 접하였고 백운산을 경계로 백전면과도 일부 연접하였다. 남덕유산, 구시봉, 월봉산, 백운산 등의 산지를 둘레로 하여 분지지형을 이루었다. 산지에서 발원하는 추상천, 옥산천, 대천, 대남천이 북쪽에서 남쪽으로 종단하며 흐르는 남강과 합류하여 동남쪽의 서하면 방향으로 흘러나간다. 『여지도서』(안의)에 "서상면은 현 서쪽 45리에 있다. 마을이 13개이다."라고 기록하였고, 부전(扶田), 옥산(玉山), 추천(楸川) 등을 열거하였다. 1914년의 행정구역 개편 때 14개 동으로 이루어졌던 서상면이 도천리(道川里) · 옥산리(玉山里) 등 6개 리로 구성된 서상면으로 통합, 개편되었다. 관할 행정구역은 6개 법정리로 이루어져 오늘에 이른다.

서하면 Seoha-myeon

군의 북부에 있는 면이다. 동쪽으로는 황석산을 경계로 안의면에 접하였고, 서쪽과 북쪽으로는 서상면으로 이어진다. 서남쪽에는 백전면이 있다. 남쪽으로는 괘관산을 경계로 병곡면과 이어지고 지곡면과도 접한다. 면의 사방이 황석산, 괘관산, 서래봉, 우락산으로 둘러싸인 분지지형을 이룬다. 면 가운데로 남강이 서북쪽에서 동남쪽으로 곡류하며, 괘관산에서 발원한 송계천과 황석산에서 발원한 봉전천이 남강에 합류한다. 『여지도서』(안의)에 "서하면은 현 서쪽 20리에 있다. 마을이 13개이다."라고 기록하였고, 오리(梧里), 호성(虎成), 조리(曺峴) 등을 열거하였다. 1914년의 행정구역 개편 때 11개 동으로 이루어졌던 서하면이 황산리(黃山里) · 다곡리(茶谷里) 등 5개 리로 구성된 서하면으로 통합, 개편되었다. 관할 행정구역은 5개 법정리로 이루어져 오늘에 이른다.

수동면 Sudong-myeon

군의 동부에 있는 면이다. 동쪽으로는 산청군 생초면 및 거창군 남상면과 접한다. 서쪽으로는 남강을 경계로 지곡면을 마주한다. 남쪽으로는 유림면, 북쪽으로는 안위면과 접한다. 북쪽 산지에서 발원한 내백천과 남쪽 산지에서 발원한 죽산천이 우명천과 합류하여 동쪽에서 서쪽으로 흐르다가, 면의 북쪽에서 남쪽으로 종단하며 흐르는 남강에 합류한다. 1914년의 행정구역 개편 때 도북면(道北面)·사근면(沙斤面)·모간면(毛看面) 등에 소속된 20개 동이 도북리(道北里)·하교리(下橋里) 등 8개 리로 구성된 수동면으로 통합, 개편되었다. 관할 행정구역은 8개 법정리로 이루어져 오늘에 이른다.

안의면 Aneui-myeon

군의 북동부에 있는 면이다. 동쪽으로는 망실봉을 경계로 북쪽으로는 금원산을 경계로 거창군과 접한다. 서쪽으로는 서상면, 남쪽으로는 서하면과 연접하였다. 북쪽과 서쪽으로 금원산과 황석산을 등지고 있다. 면의 남부에 남강이 서쪽에서 흘러와서 면의 중심지를 휘돌고 남쪽으로 내려가며, 주변 산지에서 발원한 지우천, 신안천, 귀곡천, 안의천이 남쪽으로 흘러 남강에 합류한다. 본래 신라의 마리현인데 경덕왕 때 이안현이라 고치고, 공양양 때 본래 신라 남내현인 감음에 이속시켰다. 조선 태종 때 안음이라 고치고 1767년(영조 43)에 지금의 이름인 안의가 되었다. 『여지도서』(안의)에 "현내면에 있는 마을은 12 개, 황곡면은 7개, 초참면은 15개 마을이 있다."고 기록하고 마을의 이름을 열거하였다. 1896년에 지방제도 개정으로 경상남도 안의군이 되었다. 1914년의 군면 폐합에 의해 안의군이 폐지되고, 현내면·황곡면·초참면·대대면에 소속되었던 27개 동이 금천동(錦川洞) 등의 4개 동과 교북리(校北里) 등 8개 리로 구성된 안의면으로 통합, 개편되었다. 1973년에 안의면 춘전리, 진목리를 거창군 남상면에 편입하였다. 현재 관할 행정구역은 15개 법정리로 이루어졌다.

유림면 Yurim-myeon

군의 동남부에 있는 면이다. 동쪽으로 산청군, 서쪽으로 함양읍과 접한다. 남쪽으로 임천을 경계로 휴천면과 마주하고, 북쪽으로 남강을 경계로 수동면과 마주한다. 남강이 면의 북쪽 가장자리를 두르다 동남쪽으로 빠져나가고, 임천이 면의 동남쪽 가장자리를 둘러서 동북쪽으로 흐르다 남강과 합류한다. 1914년의 행정구역 개편 때 유등면·예림면·사근면·관변면 등에 소속되었던 21개 동이 서주리(西洲里)·유평리(柳坪里) 등 9개 리로 구성된 유림면으로 통합, 개편되었다. 관할 행정구역은 9개 법정리로 이루어져 오늘에 이른다.

지곡면 Jigok-myeon

군의 중부 동편에 위치하고 있는 면이다. 동쪽으로는 남강을 경계로 수동면과 마주하고 있다. 서쪽으로는 병곡면, 남쪽으로는 함양읍, 북쪽으로는 서하면 및 안의면과 접한다. 면의 동편 가장자리로 남강이 북쪽에서 남쪽으로 종단하며 흘러나가며, 북서부 산지에서 발원한 지곡천, 덕암천, 평촌천, 보산천이 남동쪽으로 흘러 남강과 합류한다. 1914년의 행정구역 개편 때 덕곡면·지내면·백토면·모간면 등에 소속되었던 25개 동이 개평리(介坪里)·평촌리(坪村里) 등 10개 리로 구성된 지곡면으로 통합, 개편되었다. 관할 행정구역은 10개 법정리로 이루어져 오늘에 이른다.

휴천면 Hyucheon-myeon

군의 남부 끝에 위치한 면이다. 동쪽으로는 유림면과 산청군, 서쪽으로는 함양읍 및 마천면과 접한다. 남쪽으로는 마천면, 북쪽으로는 유림면 및 함양읍과 연접하였다. 서쪽으로는 삼봉산과 법령산에 기대고, 남동쪽으로는 지리산지에 에워싸여 있는 분지지형을 이루었다. 임천이 서남쪽에서 동북쪽으로 면을 가로지르며 곡류하며 흐르다 남강과 합류한다. 면의 서쪽 산지에서 발원한 지류로서 서주천, 태관천은 동쪽으로 흘러 임천에 합류한다. 1914년의 행정구역 개편 때 휴지면·엄천면에 소속되었던 31개 동이 월평리(月坪里)·금반리(金盤里) 등 11개 리로 구성된 휴천면으로 통합, 개편되었다. 휴천면이라는 지명은 휴지면과 엄천면의 첫 글자를 한 자씩 따서 조합된 새 이름이다. 관할 행정구역은 11개 법정리로 이루어져 오늘에 이른다.

골무산 鶻舞山 Golmusan [異] 골미산

군의 수동면 상백리에 있다(고도: 553m). 지역 주민들은 골미산으로도 부른다. 골무산의 산줄기는 남쪽으로 새암산(사암산)과 승안산으로 이어진다. 골무산의 동사면 기슭으로는 남강이 북쪽에서 남쪽으로 종단하며 흐르고, 서사면에서 발원한 물줄기는 안의천으로 모여들었다가 남강으로 합류한다. 골무산의 동·서사면에 경작지가 발달하고 하천과 접근성이 좋은 곳은 취락이 형성되었다. 산 서편 자락에는 상백마을이 집촌(集村)을 이루고 있으며, 마을 앞으로 남강 사이에 상백들이라는 넓은 경지가 펼쳐져 있다. 산의 동사면에는 신당마을이 안의천을 끼고 입지하였다. 골무산은 조선시대 안의현 읍치의 남쪽에 마주하고 있어서 풍수적으로 주산인 성산(城山)에 상대하는 안산(案山)의 역할을 하였다. 『화림지』에 기록하기를, "남령(嵐嶺)에서 북쪽으로 내달은 것이 이 산이다. 지금 안의현 읍치의 안산(案山)이다."라고 하였다. 『1982년지방지도』(안의)에서도 골무산이 표기되었다.

금대산 金台山 Geumdaesan

군의 마천면 가흥리 일대에 있는 산이다(852m). 삼봉산에서 맥이 뻗어내려 백운산과 금대산을 이루었다. 임천이 금대산을 에워싸고 구불거리며 흐르다 동북쪽으로 빠져나간다. 금대산을 끼고 있는 임천을 따라서 여러 취락이 형성되었으며, 산의 남서사면에는 마천면 소재지가 입지하였다. 『광여도』(함양), 『1872년지방지도』(함양), 『비변사인

방안지도』(함양)에서도 금대산이 표기되었다. 금대산에 있는 옛 절로
는 안국사와 금대사가 있다. 금대산이라는 산 이름의 유래는 금대사
(金臺寺)가 있어서 연유되었다. 금대사는 656년(신라 태종무열왕 3)에
행우(行宇)가 창건하였고, 도선(道詵)이 중창하였다고 한다. 조선 초인
1430년(세종 12)에 행호(行乎)가 안국사(安國寺)와 함께 중창하였다.

금원산 金猿山 Geumwonsan

군의 안의면 상원리 일대에 걸쳐 있는 산이다(고도: 1,353m).『여지
도서』(안음)와『화림지』에, "월봉에서 동쪽으로 달린 것이 이 산이다.
바로 감음(感陰) 고현(古縣)의 주산이다. 현 서북쪽 40리에 있다."고
기재하였다.『함양군지』에도, "안의면 서북쪽 40리에 있다. 안의와 거
창의 경계이다. 높이는 1,352미터이다."라고 적고 있다.『비변사인방
안지도』,『조선지도』,『광여도』,『1872년지방지도』등의 여러 안의 군
현지도에서 금원산이 표기되었다.『대동여지도』에서도 금원산과 북
쪽의 원학동(猿鶴洞)이 기재되었다. 원학동은『정감록』에 소개된 피
난 보신의 땅으로 알려진 곳으로,「피장처」라는 문헌에는, "전라도 무
주 덕유산 남쪽에 원학동(猿鶴洞)이 있는데 숨어 살만한 곳이다."라고
하였다. 금원산(金猿山)이라는 이름은 금빛 원숭이를 이 산에 있는 원
암(猿岩)이라는 바위에 가두었다는 전설에서 유래되었다고 한다.

기백산 箕白山 Gibaeksan [異] 지우산(智雨山)

군의 안의면 상원리 · 하원리와 거창군 위천면 상천리 일대에 걸쳐

있는 산이다(고도: 1,322m). 덕유산 주봉인 향적봉에서 C자 모양으로 휘돈 맥이 남덕유, 월봉, 금원산을 거쳐 기백산에 이르고 남동쪽으로 황석산으로 나아간다. 금원산과 기백산의 능선을 분수계로 동편의 산 상천과 서편의 지우천으로 나뉘었다. 기백산 남동쪽으로 자연마을의 취락이 형성되었다. 기백산은 옛 명칭으로 기박산(旗泊山) 혹은 지우산(智雨山)이라고도 불렀다. 『대동지지』(안의)에 "기박산(旗泊山)은 일명 지우산(智雨山)으로 북쪽 20리에 있다. 장수사(長水寺)가 있고 절 옆에는 폭포가 있으며 그 아래에는 용추(龍湫)가 있다."고 기록하였다. 『세종실록지리지』(안음)에 "지우산은 현 북쪽에 있다."고 기재되었다. 『신증동국여지승람』(안음)에 "지우산은 현 북쪽 20리 지점에 있다."고 위치 표기가 더해 졌으며, 『여지도서』(안의)와 『화림지』에는 "월봉에서 남쪽으로 달린 것이 이 산이다. 현 서쪽 30리에 있다."라고 내맥(來脈) 정보도 추가되었다. 『함양군지』에는 "일명 기백산이라고도 한다. 산 높이는 1,330미터이다."라고 높이가 서술되었다. 『동여도』에 지우산이 표기되었고, 『대동여지도』에는 지우산과 장수사가 표기되었다. 기백산이라는 지명유래에 관하여 산봉우리의 괴암이 키와 같다하여 일컬었다고 전한다.

덕유산 德裕山 Deogyusan

군의 서상면 상남리 일대에 걸쳐 있는 산이다(고도: 1,614m). 덕유산은 백두대간의 산줄기 계통에서 위로는 삼도봉과 아래로는 백운산을 거쳐 지리산과 연결해주는 중요한 위치에 있다. 미수 허목 (許穆, 1595~1682)은 「덕유산기(德裕山記)」에, "남쪽 지방의 명산은 절정을 이루는데 덕유산이 가장 기이하다."고 찬탄하였다. 덕유산의 산줄기는 무풍의 삼봉산에서 시작하여 수령봉, 지봉, 덕유평전, 중봉을 넘어 향적봉에 올랐다가 무룡산, 삿갓봉, 남덕유산에 이르는 100리 길의 큰 줄기를 형성하였다. 덕유산은 낙동강의 지류가 되는 황강과 남강의 발원지가 될 뿐만 아니라, 금강의 상류를 이루는 하천이 발원함으로써 낙동강 수계와 금강 수계의 분수령을 이룬다. 덕유산은 한반도에서 삼도(三道)의 중점이 되는 전략적 요충지에 위치하고 있으며, 행정적 경계를 결정짓는 유역권의 분수령을 이룬다. 이러한 사실은 조선시대 이중환(1690~1752)의 『택리지』에도 "덕유산은 충청·전라·경상 3도가 마주친 곳에 있다"고 주목되었다. 『신증동국여지승람』(안음)에 "덕유산은 현 서북쪽 60리 지점에 있으며, 전라도 금산군 및 장수현의 경계이다."라고 하였다. 『여지도서』(안의)와 『화림지』에는, "현 서북쪽 70리에 있다. 대덕산의 서쪽 가지이고 대봉(臺峰)의 아래이다. 남쪽으로 세 골짜기로 나뉘는데, 화림(花林)·심진(尋眞)·원학(猿鶴)이다. 갈천(葛川) 임훈(林薰)의 기(記)가 있다."고 적고 있다. 『함양군지』에는, "서상면에 있다. 안의면 서쪽 70리 거리이다. 전라북도와 무주군의 경계이다. 높이는 1,508미터이다."라고 기재하였다.

마안산 馬鞍山 Maansan [異] 안점산(鞍岾山), 성메(매)산

군의 지곡면 마산리에 있는 산이다(508m). 옛 이름은 안점산(鞍岾山)이었고, 마산지역의 마을 주민들은 성메(매)산이라고도 부른다. 마안산의 남사면 기슭에 수여, 마산 등의 자연마을이 집촌의 형태로 발달하였다. 『신증동국여지승람』(함양)과 1656년에 편찬된 함양의 읍지인 『천령지』에, "안점산은 군 북쪽 30리 지점에 있으며, 산 위에 옛날 석성이 있다."는 기록이 있다. 『함양군지』에서도 "군 북쪽 30리에 있다. 지금의 지곡면에 있다. 취암산이 북쪽으로 꺾여서 남쪽으로 와서 이 산이 되었다. 지금은 마안산이라고 일컫는다. 높이는 508미터이다."라고 적었다. 『비변사인방안지도』(함양), 『광여도』(함양)에서 안점산(鞍岾山)이 표기되었다. 마안산(馬鞍山)이라는 지명은 산이 말안장 모양을 했기 때문에 유래되었다고 한다. 인근에 마산 혹은 말뫼(마안산 아래), 말구시골(수여마을의 서북쪽 골짜기), 말두둑(수여마을의 고리실 서쪽 골짜기), 말잔등 등의 말과 관련된 지명이 있다.

백암산 白岩山 Baegamsan

군의 병곡면 광평리 일대에 있는 산이다(고도: 621m). 덕유산에서 발원한 백운산의 한 가지가 동쪽으로 대봉산 천왕봉을 이루고, 다시 남쪽으로 뻗어 함양의 진산이 되었다. 『경상도지리지』(함양)의 진(鎭) 항목에서 백암산이 처음으로 표기되었다. 『세종실록지리지』(함양)의 진산 항목에는 '백암'이라는 기록이 있다. 그리고 『신증동국여지승람』(함양)에 "백암산은 군 북쪽 5리에 있다. 진산이다."고 산의 위치와 함께 진산으로 기재되었다. 1656년에 편찬된 함양의 읍지인 『천령지』에도 "백암산은 군 북쪽 5리에 있다. 진산이다."고 하였다. 『함양군지』에는 "함양과 지곡의 경계이다. 괘관산이 천왕점을 거쳐 동쪽으로 내달아 이른 산이다."고 지리적 위치와 함께 산의 내맥을 적고 있다. 『조선지지자료』에 의하면, 백암산을 힌(흰)바우산이라고 지역주민들이 불렀음을 알 수 있다. 『비변사인방안지도』(함양), 『조선지도』(함양), 『해동여지도』(함양), 『광여도』(함양), 『1872년지방지도』(함양) 등의 여러 군현지도에서 백암산이 표기된 바 있다. 『대동여지도』에서도 읍치의 북쪽에 백암산이 표기되었다.

백운산 白雲山 Baegunsan

군의 백전면 운산리, 서하면 운곡리 일대에 걸쳐 있는 산이다(고도: 1,279m).『신증동국여지승람』과『천령지』에 "백운산은 군 서쪽 40리에 있다. 안음현의 경계이다."고 기록하였다.『여지도서』(안음)와 『화림지』에서는 영취산에서 남쪽으로 달린 것이 이 산이다. 현 서쪽 30리의 함양 경계에 있다고 하였다.『함양군지』에는, "군 서쪽 40리에 있다. 지금의 백전면에 있다. 덕유산이 육십령을 거쳐 남쪽으로 내달은 것이 이 산이다. 높이는 1,278미터이다."고 적었다.『비변사인방안지도』(함양),『조선지도』(함양),『광여도』(함양),『1872년지방지도』(함양) 등의 여러 군현지도에서 백운산이 표기되었다.

백운산 남쪽의 백전면 지역의 산지에는 완만한 구릉지와 분지가 발달되어 있어서 전답이 형성되었으며, 서쪽 사면은 가파른 산지와 좁고 긴 골짜기로 이루어졌다. 백운산 남쪽으로 서상면과 백전면은 비교적 큰 취락과 면소재지가 형성된 반면에 산지의 서쪽 사면에는 규모가 작은 산촌 만 군데군데 있다. 산 남사면의 영은사지(靈隱寺址)에는 돌장승 두 기가 있어 옛 절터의 흔적을 일러준다. 백운산 남봉의 중턱에는 상연대(上蓮臺)라고 하는 최치원 선생의 수도처로 유명한 곳이 있다. 함양 태수로 재직하였던 최치원 선생이 신라 말 924년(신라 경애왕 1)에 어머니의 기도처로 건립하였다고 한다.

법화산 法華山 Beopwasa

군의 휴천면 금반리 · 문정리 일대에 걸쳐 있는 산이다(고도: 992m). 법화산의 서쪽으로 삼봉산과 서룡산이 나란히 솟아 있다.『함양군지』

에 "휴천면에 있다. 군에서 남쪽 20리 거리이다."라고 기록하였다. 법화산과 서쪽 곁 삼봉산의 안부(鞍部)에 마천면 구양리와 함양읍 구룡리 사이를 넘는 고개인 오도재가 있다. 오도재는 예부터 남해와 하동의 물산들이 벽소령과 장터목을 거쳐 타 지방으로 운송되던 주요 육상 교역로였다. 법화산이라는 산 이름은 법화암(法華庵)이 창건되면서 유래되었을 것으로 추정된다. 법화사는 법화산 동남쪽 사면의 골짜기에 입지하였으며 883년(신라 헌강왕 9)에 결언(決言)이 세웠다고 전해진다. 한국전쟁 때 소실되어 대천리로 옮겼다.

삼봉산 三峰山 Sambongsan

함양군 마천면 구양리·창원리, 산내면 중황리 일대에 있는 산이다(고도: 1,187m). 덕유산이 육십령을 거쳐 남쪽으로 내달은 것이 이 산이다. 삼봉산을 기준으로 북쪽으로는 인월면, 서쪽으로는 산내면, 남쪽으로는 마천면으로 이어진다. 산의 남쪽으로는 백운산과 금대산으로 맥이 뻗어 마천면 소재지에 닿고, 서쪽으로는 투구봉과 서룡산으로 맥이 뻗어 산내면에 닿는다. 남쪽 사면에서 발원하는 물줄기는 임천강으로 흘러들어간다. 『함양군지』에 "석복(席卜)과 마천의 경계에 있다. 군 서쪽으로 15리 거리이다. 팔량현이 남쪽으로 꺾여서 동쪽으로 내달으면 이 산이 된다. 높이는 1,187미터이다."라고 기록하였다. 『비변사인방안지도』(함양), 『광여도』(함양), 『1872년지방지도』(함양) 등에 삼봉산이 표기되었다. 삼봉산이라는 산 이름의 유래에 관하여, 투구봉, 촛대봉, 삼봉산의 세 봉우리를 합쳐 삼봉이라 했다고 전한다.

삼정산 三政山 Samjeongsan [異] 삼정산(三丁山)

군의 마천면 군자리 · 덕전리 · 삼정리 일대에 걸쳐 있는 산이다
(고도: 1,156m). 지리산 주능선의 삼각고지(삼각봉)에서 북쪽으로 맥
이 뻗어 삼정산이 되었다. 만수천과 군자천의 분수계를 이룬다. 삼정
산의 북쪽 기슭에는 남원시 산내면이 위치하였고, 동쪽으로는 함양군
마천면이 입지하였다. 조선시대 함양의 관찬지리지와 지도에는 삼정
산에 관한 기록이 없다. 『함양군지』에는 삼정산(三丁山)이라고 표기
되어 있다. 삼정산이란 이름이 산의 동쪽 기슭에 입지한 하정 · 음
정 · 양정이란 세 마을과 관련이 있다고 본다면, 삼정산(三丁山)이라는
한자 이름이 정확한 표기로 판단된다. 삼정산 기슭에는 실상사, 영원
사, 도솔암 등 여러 암자가 자리 잡고 있다.

새암산 蛇巖山 Saeamsan

군의 수동면 내백리 · 도북리 일대에 걸쳐 있는 산이다(고도: 556m).
원래 이름인 사암산(蛇巖山)에서 새암산으로 되었다. 북쪽에서 남쪽
으로 골무산, 새암산, 승안산으로 산줄기가 이어진다. 새암산 서사
면으로는 남강이 북쪽에서 남쪽으로 종단하며 흐르고, 동사면에서
발원한 계류는 내백천으로 모여 남쪽으로 흐르다 죽산천에 합류
한다. 산의 동사면 기슭에는 넓은 농경지와 자연마을이 형성, 발
달되었다. 『신증동국여지승람』(함양), 『천령지』, 『대동지지』(함양)
에 "사암산(蛇巖山)은 군 동쪽 20리 지점에 있다."고 하였다. 『함양군
지』에도 "사암산은 지금의 수동면에 있다. 안점산(安岾山)의 동쪽에
있고 승안산(昇安山)의 뒷 봉우리이다."고 기록하였다. 『광여도』(함

양)에 사암산이 표시되었다. 사암산의 상봉에는 상사바위가 있다고
한다.

승안산 昇安山 Seungansan

　군의 수동면 우명리 일대에 있는 산이다(고도: 309m). 북쪽으로 새
암산(사암산), 골무산과 이어진다. 승안산의 서사면 기슭으로는 남강
이 종단하며 남쪽으로 흘러간다. 남사면에서 발원한 계류는 승안천으
로 모여 서쪽으로 흐르다 남강에 합류하고, 서사면의 계류는 내백천
에서 모여 죽산천으로 합류한다. 『비변사인방안지도』(함양), 『광여
도』(함양)에 승안산이 표기되었다. 승안산의 지명은 승안사(昇安寺)가
창건되면서 유래되었을 것으로 추정된다. 승안사지에는 고려시대에
조성되었을 것으로 추정되는 삼층석탑(보물 294호)가 남아있고, 석조
여래좌상(지방문화재 33호)도 출토된 바 있다. 『신증동국여지승람』
(함양)에 "사암산에 승안사(昇安寺)가 있다."고 기록하였으나, 정확히
승안사는 사암산의 남쪽에 있는 승안산 우명리에 위치한다. 승안사의
사적(寺蹟)에 대해서는 분명하지 않으나 폐찰과 관련해서는 다음과
같은 전설이 있다. 일두(一蠹) 정여창(鄭汝昌, 1450~1504)이 어머니 상
을 당하여 승안사 경내에 묘를 쓰려고 하자 승려들이 반대했다. 운구
중에 홍수가 나서 운상(運喪)을 못하게 되었는데, 정여창이 상여를 붙
잡고 통곡하니 강물이 갈라지고 길이 생겼다. 승려들도 하늘이 낸 효
자라고 하여 묘 쓰는 것을 반대하지 않았고, 그 뒤 이절도 폐사되었
다. 승안산의 우명리 산 10-9에는 정여창의 묘역이 있다.

연화산 蓮花山 Yeonhwasan

군의 수동면 원평리에 있는 산이다(고도: 444m). 연화산을 에두르고 남강이 북쪽에서 흘러와 남쪽으로 빠져나간다. 연화산 자락의 동, 서, 남쪽 둘레로 취락이 발달하였으며, 산의 남사면 기슭에는 수동면 소재지가 있다. 연화산은 산이 연꽃모양으로 생겼다고 하여 붙은 이름이다. 조선시대 함양의 관찬지리지와 지도에는 연화산에 대한 기록이 없다. 『함양군지』에는, "연화산은 영동면에 있다. 군 동쪽으로 20리 거리이다. 사암산(蛇岩山)의 남쪽이다. 산 위에는 옛 성이 있다. 산 높이는 443미터이다."라고 적었다. 연화산의 9부 능선에는 사근산성(沙斤山城)이 있다. 사근산성에 대해, 『신증동국여지승람』(함양)에는 "군 동쪽 17리 지점, 사근역 북쪽에 있다. 석축이며 둘레는 2천 7백 96척이고, 높이는 9척이다. 성안에 못이 셋이다. 경신년에 감무(監務) 장군철(張群哲)이 성을 지키지 못하여 왜구에게 함락 당한 뒤에 폐해 버리고 수리하지 않았다가 성종 조에 다시 수축하였다."는 기록이 있다. 사근산성은 지역 주민들에게 연화산성이라고도 일컬어진다.

영취산 靈鷲山 yeongchwisan

함양군의 서상면 옥산리 · 대곡리와 전북 장수군 번암면 지지리의 경계를 이루고 있는 산이다(고도: 1,076m). 인도의 영취산과 산모양이 닮았다고 하여 이름이 연유되었다. 덕유산에서 남쪽으로 맥을 뻗어 장안산과 영취산을 거치고, 백운산을 통해 지리산 연맥으로 이어지는 백두대간 줄기에 있다. 영취산은 백두대간에서 금남호남정맥으로 갈라지는 분기점이 되는 위치이기도 하다. 그래서 『대동여지도』에서는 백운산 보다 영취산을 더 뚜렷하고 중요하게 나타나며,『신증동국여지승람』(장수)에도 영취산은 장수의 진산(鎭山)으로 표기되고 있다.『신증동국여지승람』(안음)에 "영취산은 현 서쪽 50리 지점에 있다. 극락암(極樂庵)이 있다."고 기재되어 있고,『여지도서』(안음)와『화림지』에는 "육십현(六十峴)에서 남쪽에 이른 것이 이 산이다."고 하였다.『조선지도』(안의)와『대동여지도』에서 영취산이 표현되었다. 영취산 동사면인 서상면에는 완만한 구릉지와 분지가 발달되어 있어서 전답이 있고 취락과 면소재지가 형성된 반면에 서쪽 사면에는 규모가 작은 산촌만 군데군데 이루어졌다. 영취산 동사면에 위치한 옥산리에는 조선후기의 성리학자인 부계 전병순(田秉淳: 1816~1890)이 은거하면서 후학에게 강학하던 부계정사(扶溪精舍)가 있다.

오공산 蜈蚣山 Ogongsan [異] 곰달로산

군의 마천면 삼정리와 강청리 경계에 있는 산이다(고도: 918m). 지역민은 곰달로산이라고 부른다. 곰달로라는 이름은 곰다래(곰취)에서 왔다고 전한다. 오공이라는 산의 이름은 산 정상 부위에 있는 지네바위(蜈蚣岩)에서 유래되었다. 이것을 풍수적으로 해석하여 형국명인 지네가 하늘로 오르는 형국(蜈蚣飛天形)으로 풀이되기도 하였다. 오공산은 지리산 천왕봉에서 서북쪽으로 지맥이 뻗어 형성되었으며, 그 사이로 한신계곡이 이루어졌다. 오공산 동사면에는 백무동이 있다. 오공산의 서사면과 북사면에는 양정·하전·도촌마을 등의 자연마을이 발달하였다. 조선시대 함양의 관찬지리지와 군현지도에는 오공산에 관련된 기록은 없다.

오봉산 五峰山 obongsan [異] 상산(霜山), 서리산

군의 함양읍 죽림리 일대에 걸쳐 있는 산이다(고도: 879m). 남쪽으로 서룡산, 삼봉산, 법화산 줄기와 마주하였다. 옛 지명에는 상산(霜山)이라는 이름으로 표기되었다. 지역 주민들은 서리산이라고 불렀음이 『조선지지자료』에 의하여 확인된다. 그리고 남원시 쪽에서 보면 다섯 봉우리라고 하여 오봉산이라고도 불리었다. 2009년 4월부터 국토지리정보원의 고시로 상산에서 오봉산(五峰山)으로 공식 변경되었다. 『신증동국여지승람』(함양)과 『천령지』에, "상산은 군 서쪽 20리 지점에 있다. 여러 바위가 다투듯 빼어난데 형상이 칼날 같다. 산 밑에 골이 하나 있는데, 홍무(洪武) 경신년, 왜적을 정벌할 때에 병기를 저장했던 곳이다."라고 기록하였다. 『함양군지』에서도 "백운산이 월경산을 지나 남쪽으로 내달려 이 산이 되었다. 산 위로는 장단(將壇)과 수치서(竪幟處)가 있고, 산 아래에는 깊은 골짜기가 있어 일명 둔기(屯基)라고 한다. 우왕 6년에 이성계가 왜군을 정벌할 때 이 골짜기에 병사를 감추어 왜장 아지발도를 죽였다. 높이 871미터이다."고 덧붙여 기록하고 있다. 『비변사인방안지도』(함양), 『조선지도』(함양), 『광여도』(함양), 『1872년지방지도』(함양) 등의 여러 군현지도에서 상산이 표기되었다.

지리산 智異山(天王峰) Jiisan

군의 남쪽에 마주하고 있으며 3개도, 5개 시군과 경계를 이루고 있는 산이다(고도: 1,915m). 『경상도지리지』(함양)에 "지리산은 일명 두류산이다. 군 남쪽에 있다."고 기재하였다. 『신증동국여지승람』(함양)

에는 함양을 중심으로 하는 지리산의 정보와 역사경관도 기록되었는데, "군 남쪽 40리 지점에 있다. 산 북쪽은 온통 이 고을 지경이며, 천왕봉(天王峯)이 진주와 경계로 되었다. 산 속에 옛 성이 있는데 하나는 추성(楸城)이고, 하나는 박회성(朴回城)이라 일컫는다. 의탄소(義呑所)와 5, 6리 거리인데 우마가 능히 가지 못하는 곳이나, 창고 터가 완연히 남아 있다. 세간에서 신라가 백제를 방어하던 곳이라 전한다."고 하였다. 1656년에 편찬된 함양의 읍지인 『천령지』에는 위 내용에 "지리산은 두류산이라고도 일컫고 방장산이라고도 부른다."는 내용이 추가되었다. 『함양군지』에는 지리산의 내맥과 기타 지리정보가 상세히 기록되었다. "지리산은 지금 마천면에 있다. 덕유산이 동쪽으로 내다르고 백운산을 거쳐 남쪽으로 달린 것이 이 산이다. 세상에서 일컫기를 두류산이라고도 하고 방장산, 혹 방호산(方壺山)이라고도 한다. 삼신산의 하나이다. 산의 북사면에 함양군이 오로지 자리 잡았다. 산의 높이는 1,915미터이고, 총면적은 5만 정보이며, 수종은 55과에 216종이다. 생산물은 목재, 목기, 짐승가죽, 생칠(生漆), 석이버섯 등이 있다."고 하였다.

화장산 花長山 Hwajangsan

군의 유림면 웅평리·국계리와 휴천면 호산리에 걸쳐 있는 산이다(고도: 586m). 경호강이 화장산의 동사면 기슭을 에워싸고 남쪽으로 흐르며, 화장산에서 발원하는 북사면의 물줄기는 함양위천으로 이어진다. 화장산의 북사면 기슭에서 함양위천이 경호강에 합류하여 일대에 넓은 농경지와 자연마을이 형성되었다. 화장산 동사면 기슭의 경호강을 임한 자락에도 자연마을들이 발달하였다. 『신증동국여지승람』(함양)과『천령지』에, "군 남쪽 15리에 있다. 산 속에 난초와 혜초(蘭草)가 많다. 화장산에 화장사(花長寺)가 있다."고 기록하였다. 『함양군지』에는, "지금의 유림면(柳林面)에 있다. 법화산의 동북쪽 산 속에는 난초와 혜초가 많다."라고 적었다. 『비변사인방안지도』(함양), 『광여도』(함양), 『1872년지방지도』(함양)에도 표기되었다. 『대동여지도』에는 함양 읍치의 남쪽에 화장산(華藏山)이라고 표기되었다.

황석산 黃石山 Hwangseoksan

군의 서하면 황산리 일대에 있으며 안의면과 경계에 있는 산이다 (고도: 1,190m). 황석산에서 발원하는 하천은 남강의 상류부를 이룬다. 『세종실록지리지』(안음)에는 황석산의 위치와 주요 역사경관에 관해, "황석산은 현 서쪽에 있다. 황석산 석성은 현 서쪽 25리에 있다. 둘레가 1천 87보이다."고 기록하였다. 『신증동국여지승람』(안음)에는 황석산성을 보다 자세히 기록하였는데, "황석산은 현 서북쪽 15리 지점에 있다. 황석산성은 석축이며 둘레는 2천 9백 24척이다. 성 안에 시내 하나가 있고 군창(軍倉)이 있다."고 하였다. 『화림지』에는 황석산의 내맥(來脈) 정보가 부가되어, "지우산(智雨山)에서 남쪽으로 달린 것이 이 산이다. 뒤로는 심진(尋眞)이고 앞으로는 화림(花林)이다."라고 적고 있다. 『함양군지』에 "서하면과 안의면의 경계에 있다. 월봉산의 남쪽이 이 산이다. 높이는 1,190미터이다."라고 기재하였다. 『조선지도』, 『지승』, 『1872년지방지도』, 『대동여지도』 등의 군현지도에서 황석산이 표기되었다. 문화재로는 임진왜란 때의 산성인 황석산성이 있다.

계관봉 鷄冠峰 gyegwanbong [異] 괘관산(掛冠山), 갓걸이산

군의 병곡면 북쪽과 서하면 남쪽 경계를 이루는 산이다(고도: 1,253m). 덕유산에서 비롯한 백두대간 줄기가 백운산에 이르고 백운산에서 동쪽으로 이 산이 되었다. 계관봉 바로 남쪽 아래에는 대봉산 천왕봉(천왕점)이 있다. 계관봉은 다른 이름으로 괘관산(掛冠山) 혹은 갓걸이산이라고도 부른다. 산의 가장 높은 봉우리가 갓을 쓴 모습이라고 하여 괘관산이라는 이름이 유래되었다고 한다. 또는 일제강점기에 이 산의 산세가 좋아서 벼슬하는 사람이 나오는 것을 막기 위해 벼슬을 걸어두었다는 의미로 괘관산이라 했다고도 해석한다. 조선시대 함양의 관찬지리지와 군현지도에는 계관봉에 관련된 기록은 없다. 『함양군지』에 의하면, "괘관산은 서하면과 병곡면의 경계에 있다. 군 서북쪽으로 30리 거리이다. 백운산이 원산(元山)을 거쳐 이 산이 되었다. 높이는 1,251미터이다."라고 기록하였다. 괘관산은 2009년 4월부터 국토지리정보원의 고시로 계관봉(鷄冠峰)으로 공식 변경되었다. 계관봉(鷄冠峰)이라는 지명의 유래는 산의 정상부의 모양이 닭의 벼슬처럼 생겼다고 하여 붙은 이름이라고 한다.

대봉산 천왕봉 大鳳山 天王峰 daebongsan cheonwangbong [異] 천왕점, 천황봉

군의 병곡면 원산리 · 광평리 · 다곡리 일대에 걸쳐 있는 산이다(고도: 1,246m). 덕유산에서 영취산을 거쳐 솟아 오른 백운산이 동쪽으로 뻗은 맥이다. 조선시대 안의와 함양의 경계를 남북으로 가르는 산줄기였다. 옛 이름은 천왕점(天王岾) 혹은 천왕점산(天王岾山)이었다. 일제강점기에 천황봉으로 개명되었다고 한다. 2009년 4월부터 국토지리정보원의 고시로 대봉산(大鳳山) 천왕봉(天王峰)으로 공식 변경되었다. 『신증동국여지승람』(함양)에 "천왕점은 군 북쪽 20리 지점에 있으며 안음현의 경계이다."라고 하였다. 1656년에 편찬된 함양의 읍지인 『천령지』에도 앞의 내용이 그대로 반복되어 기록되었다. 『여지도서』(안음)와 『화림지』에는 "백운산에서 동쪽으로 구불거리며 이른 것이 이 산이다."고 하였다. 『함양군지』에는 천왕점(天王岾)으로 기재되었다. "지금 병곡면과 서하면의 경계이다. 백운산이 동쪽으로 내달은 것이 이 산이다. 높이는 1,251미터이다."라고 적었다. 『비변사인방안지도』(함양), 『광여도』(함양), 『1872년지방지도』(함양)에는 천왕점이라는 표기가 있고, 『조선지도』(함양)와 『해동여지도』(함양)에는 천왕점산으로 표기되었다. 대봉산(大鳳山)이라는 산 이름에 연유하여 큰 새(봉황)가 알을 품어 장차 큰 인물이 난다는 전설이 있다.

관술령 官述嶺 Gwansullyeong

군의 안의면(도림리)에서 거창군 남상면(장팔리)으로 연결되는 고개로서, 안의와 거창을 잇는 주요 교통로였다(고도: 554m). 관술령 고개 밑에는 관술령마을(혹은 관동, 왕암)이 있다. 『여지도서』(안의)에 "관술령(官述嶺)은 초점(草岾)으로 남쪽으로 이 고개가 되었다. 현 동쪽 20리에 있고 거창의 경계이다."라고 기록하였다. 『화림지』에도 "안의면에 있다. 남령(嵐嶺)의 북쪽에 있다."라고 하였다. 조선시대 주요 군현지도에는 관술령에 대해 표기되지 않았다. 전설에는, 옛날 안의 현감이 도임(到任)할 때 이 재를 넘어서 안의에 관행차(官行次) 했기에 고개 이름을 관술령(官述嶺)이라고 불렀다고 전해진다. 관술령 아래의 관동마을에는 성황단이 있다.

벽소령 碧宵嶺 Byeoksoryeong [異] 벽수령(碧愁嶺)

  군의 마천면 삼정리와 하동군 화개면 대성리 사이를 잇는 지리산의
주요 고개이다. 이중환(1690~1752)의 『택리지』에 벽소(碧霄)라는 용어
가 나타난다. "지리산 북쪽은 모두 함양 땅이며, 영원동·군자사·유
점촌이 있는데, 남사고는 복지라 하였다. 또 벽소운동(碧霄雲洞)과 추
성동은 다 같이 경치 좋은 곳이다."라고 하였다. 여기서 벽소운동은
골짜기를 표현한 것이지만, 벽소령이라는 명칭과 관련이 있는 것은
분명해 보인다. 1807년 4월 2일에 지리산을 유람한 하익범(1767~1815)
의 「유두류록(遊頭流錄)」에도, "벽소령 냉천점(冷泉岾) 70리에 이르러
서부터 비로소 아래로 내려가는 길로 바뀌었다."는 내용이 있다. 『비
변사인방안지도』(함양)와 『광여도』(함양)에는 벽수령(碧愁嶺)으로 표
기되었다. 달밤에 푸른 숲 위로 떠오르는 달빛이 희고 맑아서 푸르게
보인다 하여 벽소령이라 부르게 되었다고 한다. 벽소령에는 세 부자
(父子) 바위 설화가 있다. 내용은 '나뭇꾼과 선녀'의 스토리와 같으며,
남편과 아이가 하늘로 올라간 선녀(어미)를 기다리다 벽소령 높은 곳
에 세 바위가 솟아올랐다는 이야기이다.

오도재 悟道峙 Odojae

  군의 마천면 구양리와 함양읍 구룡리 사이를 넘는 고개이다. 예부
터 남해와 하동의 물산들이 벽소령과 장터목을 거쳐 타 지방으로 운
송되던 육상 교역로였다. 『신증동국여지승람』(함양)과 『천령지』에, "오
도재(悟道峙)는 군 남쪽 20리 지점에 있다."고 하였다. 1716년에 승려
탄천(坦天)이 쓴 『등구사사적기(登龜寺寺蹟記)』에도 지리산에 들어와

머물 곳을 찾으려고 오도치(悟道峙)에 올라가서 남쪽을 바라보았다는 내용이 있다. 1807년에 지리산을 유람하였던 남주헌(1769~1821)의 『지리산산행기(智異山山行記)』에도 벽송정(碧松亭)을 거쳐 오도치(悟道峙)에 이르렀다는 내용이 나온다. 『함양군지』에는 "지금의 휴천과 마천의 경계에 있다. 삼봉산이 동쪽으로 내달은 것이 이 고개이다. 높이는 733미터이다. 유호인(俞好仁)의 시가 있다."고 하였다. 『비변사인방안지도』(함양), 『광여도』(함양), 『1872년지방지도』(함양)에서 오도치가 표기되었다. 『대동여지도』에는 오도재에 길목에 오도봉(悟道峯)을 표시하였다. 이 길을 오르게 되면 깨달음을 얻는다는 전설이 있으며, 김종직, 정여창, 유호인, 서산대사, 인오대사 등 많은 유학자들과 수행자들이 넘었던 고개라고 한다.

육십령 六十嶺 Yuksimnyeong [異] 육십현(六十峴), 육복치(六卜峙)

함양군 서상면과 장수군 장계면의 경계를 이루며, 상남리 · 명덕리 일대에 걸쳐 있는 고개이다(고도: 734m). 덕유산에서 육십령과 장안산을 거쳐 영취산과 지리산으로 이어지는 백두대간의 본줄기이다. 옛 이름은 육십현(六十峴)이며, 육복치(六卜峙)라고도 불렀다. 육십령은 신라와 백제의 접경지이자 전라도와 경상도를 잇는 주요 교통로의 하나로서, 인근의 군장동(軍藏洞)은 군사를 숨겨둔 장소라는 데서 지명을 얻기도 하였다. 『세종실록지리지』(안음)에는 험조처(險阻處)가 하나가 있다고 하면서 적기를, "육십현(六十峴)이 현(縣) 서쪽 41리에 있다. 전라도 장수현(長水縣)으로 가는 지로(指路)로서 험한 곳이 2리이다."라고 하였다. 『신증동국여지승람』(안음)에 "육십현(六十峴)은 현 서북쪽 60리 지점에 있으며, 전라도 장수현의 경계이다."라고 하였다.

『화림지』에도 "황봉(黃峯)의 남쪽이 이 고개이다. 전라도 장수의 경계이다."라고 기록하였다. 육십령이라는 지명유래에 대해서 세 가지 설이 전해진다. 그 하나는 안의와 장수 읍치에서 고개까지 거리가 60리라는 것이고, 두 번째는 육십 개의 작은 구비를 넘어와야 육십령에 이른다는 설이다. 세 번째는 이 고개를 넘기 위해서는 장정 육십 명이 함께 넘어가야 도적의 위험을 방지할 수 있기 때문에 육십령이라고 했다고 전한다.

팔량재 八良峙 Pallyangjae

군의 함양읍과 전북 남원시 인월면 사이에 있는 고개이다. 연비산과 삼봉산 사이의 안부(鞍部)에 위치한다(고도: 513m). 예로부터 전라북도의 남동 산간 지역과 경상남도의 북부 산간 지역을 연결하는 중요한 교통로이자 군사적 요충지였다. 조선시대에는 팔량관(八良關)이 설치되어 관문 역할을 하였다. 『신증동국여지승람』(함양)과 『천령지』에, "팔량현은 군 서쪽 30리 지점에 있다. 전라도 운봉현 경계로서 요충 지대이다. 고개 위에 신라 때 옛 진터가 있다."고 적었다. 『함양군지』에는 "상산(霜山)이 남쪽으로 내달은 것이 이 고개이다. 전라도, 운봉현의 경계이자 요해처이다. 고개 위에는 신라시대의 옛 성(壘)가 있다고 한다. 높이는 513미터이다."고 기록하였다. 『지승』(함양), 『광여도』(함양), 『1872년지방지도』(함양)에는 팔량령(八良嶺)으로 표기되었다. 『해동지도』(운봉), 『해동여지도』(남원), 『1872년지방지도』(운봉), 『대동여지도』 등에도 팔량치가 표현되어 있다. 팔량재를 통과하는 국도 24호선이 동쪽으로 함양·안의(安義)를 거쳐 거창에 이르며, 서쪽으로는 운봉을 거쳐 남원에 이른다. 팔량재라는 명칭은 마한의 마지막 왕이 행궁을 삼아 최후의 항전을 벌인 무대가 운봉 일대인데 8명의 뛰어난 병사가 지켰다는 데서 유래되었다고 전한다.

칠선계곡 七仙溪谷 Chilseongyegok

군의 마천면 추성리 일대에 있는 지리산 골짜기이다. 설악산의 천불동계곡, 한라산의 탐라계곡과 함께 한국 3대 계곡의 하나로 꼽힌다. 지리산의 7개 폭포와 33개의 소(沼)가 칠선계곡으로 18㎞가 넘게 이어진다. 계곡의 선녀탕에는 일곱 선녀와 곰에 얽힌 전설이 있다. "하늘에서 내려와 목욕을 즐기던 일곱 선녀의 옷을 훔친 곰은 옷을 바위틈 나뭇가지에 숨겨 놓는다는 것을 잘못해서 사향노루의 뿔에 걸쳐 놓아 버렸다. 선녀들이 옷을 찾아 헤매는 것을 본 사향노루는 자기 뿔에 걸려 있던 옷을 가져주었다. 선녀들은 옷을 입고 무사히 하늘나라로 되돌아갈 수 있게 되었고, 그 후 자신들에게 은혜를 베푼 사향노루는 칠선계곡에서 살게 해 주고 곰은 이웃의 국골로 내쫓았다."고 한다. 선녀탕을 지나면 옥녀탕이 나오고 비선담에 이른다. 더 거슬러 올라가면 칠선폭포와 대륙폭포, 삼층폭포를 따라 합수골로 이어지고 이어 마폭포가 나온다. 마폭포를 지나 길을 따라 오르면 지리산의 정상인 천왕봉에 닿는다.

한신계곡 寒新溪谷 Hansingyegok

군의 마천면 강청리 일대에 있는 계곡이다. 칠선계곡과 너머로 이웃하고 있다. 지리산 천왕봉에서 동쪽으로 제석봉을 거쳐 연하봉에 이르기 전에, 한 맥은 북쪽으로 아랫소지봉과 창암산으로 이어지고, 다시 연하봉에서 촛대봉에서 북쪽으로 맥을 뻗어 오송산에 이르는데, 그 양 갈래의 산줄기 사이에서 발원한 계류들이 모여서 한신계곡을 이루었다. 한신계곡은 북쪽으로 곡류하며 흐르다가 임천과 합류한다. 한신계곡의 명칭 유래는 한신골의 상단에 있는 세석고원 산마루의 한싱이(한신)바위에서 왔다는 설이 있다. 한신이라는 명칭은 중국 전한의 장수인 한신(?~B.C. 196)과 관련되어 풀이되기도 한다.

용추폭포 龍湫瀑布 Yongchupokpo

군의 안의면 상원리 용추계곡에 있는 폭포이다. 동쪽의 기백산과 서쪽의 거망산 사이에 용추계곡이 형성되고 폭포가 발달하였다. 용추폭포라는 이름은 폭포가 용추사(龍湫寺) 옆에 있어서 이름이 붙었던 것으로 추정된다. 용추사는 옛 장수사(長水寺)에 소속된 암자였으며, 487년(신라 소지왕 9)에 각연(覺然)이 창건하였다.

선비샘 Seonbisaem

지리산 주 능선인 덕평봉 남쪽 상덕평 해발 1,500m에 있는 샘터이다. 이 샘을 선비샘이라 한 데는 한 화전민의 슬픈 사연이 전한다. 옛날 덕평마을에 이씨 노인이 살고 있었다. 노인은 조상 대대로 내려온 화전민의 자식으로 가난에 쪼들리며 평생을 살았다. 배우지 못한 데다 못생겨 주위 사람들로부터 천대를 받으며 살아왔던 노인은, 단 한 번이라도 사람다운 대접, 선비 대접을 받으며 살고 싶었다. 살아생전

▲ 선비샘 푯말

에는 소원을 이루지 못한 그는 마지막 유언으로 상덕평 샘터 위에 묻어 달라고 부탁했고, 효성이 지극한 두 아들은 아버지의 유해를 샘터 위에 매장했다. 그로부터 매년 지리산을 찾는 등산객들은 샘에서 물을 마실 때면 반드시 노인의 무덤 앞에 인사를 하게 되니, 생전에 받고 싶었던 선비 대접을 죽어서나마 이루었던 것이다.

문필봉 文筆峯 Munpilbong [異] 필봉산

군의 함양읍 교산리 일대에 있는 봉우리이다(고도: 250m). 필봉산이라고도 한다. 필봉산이라는 지명의 유래는 산모양이 풍수적으로 문필의 형국이라서 일컬어진 이름이다. 함양 고을에서는 필봉산으로 인하여 선비가 많이 난다고 믿었다. 봉우리의 높이가 낮고 규모는 작지만, 읍기의 바로 뒤에 위치하였을 뿐만 아니라 풍수적 주산이라서 중요하게 취급되었다. 『신증동국여지승람』(함양)에는 문필봉의 위치, 문필봉 아래에 있었던 읍성의 지리정보를 다음과 같이 기록하였다. "문필봉은 군 북쪽 1리 지점에 있다. 고을 관아가 옛날에는 군 동쪽 2리 지점에 있었다. 홍무 경신년에 청사(廳舍)가 왜구에게 소실되었다. 그리하여 관아를 문필봉 밑으로 옮기고 흙을 쌓아서 성을 만들었다. 둘레는 7백 35척이고 나각(羅閣)이 2백 43칸이다. 문이 셋인데, 동

쪽은 제운(齊雲), 남쪽은 망악(望岳), 서쪽은 청상(淸商)이다." 1656년
에 편찬된 함양의 읍지인『천령지』에도 문필봉과 그 위치가 표기되었
다.『함양군지』에도 "지금의 함양면에 있다. 백암산의 남쪽 맥이 이
봉우리가 되었다. 지금은 필봉산이라고 일컫는다. 높이는 250미터이
다."라고 하였다.『1872년지방지도』(함양)에는 문필봉이 표기되어 있
고,『광여도』(함양),『비변사인방안지도』(함양)에는 필봉산이라고 표
기되었다.

성산 城山 Seongsan [異] 진성산(鎭城山), 무이산(武夷山), 무리산, 무실미

군의 안의면 당본리와 지곡면 시목리의 경계에 있는 함양 읍치의
진산이다(고도: 469m). 성산의 다른 이름으로는 무이산(武夷山), 무리
산, 무실미라고도 불려졌다. 성산을 에워싸고 남강이 두르고 있으며,
산의 동남쪽으로는 안의 소재지가 입지하였다. 성산은 안의현 읍치의
배후에 위치하고 있어서 군사적 요충지로 중요하였고, 따라서 진산이
자 풍수적인 주산 역할을 할 수 있었다. 성산이라는 이름은 이 산에
옛 성이 있어서 일컬어진 명칭으로 보인다.『신증동국여지승람』(안
음)에 의하면, "성산(城山)은 현 서쪽 3리 지점에 있으며 진산이다."라
는 기록이 있다. 성산에는 옛 성이 있었는데,『대동지지』(안의)에 의
하면, "현의 서쪽 3리의 성산이라고 일컬어지는 곳에 고성(古城)의 유
지(遺址)가 있다."고 기재하였다. 성산은 진성산이라고도 불렀다.『화
림지』에는, "진성산(鎭城山)은 안의면에 있다. 천왕점에서 산줄기가
동쪽으로 달려 이 산이 되었다. 안의의 주산이다."라고 기록하였다.
진성산이라는 지명의 유래는 진산과 성산 이름이 조합된 것으로 추정
된다.

화림동계곡 花林洞溪谷 Hwalimdongyegok

군의 안의면 월림리 일대에 걸쳐 있는 계곡이다. 덕유산, 월봉산, 거망산, 황석산으로 이어지는 산줄기에서 발원한 계류는 금천을 이루어 곡류하면서 화림동 계곡의 기암괴석을 갖춘 절경을 이루었다. 화림계곡이 빚어낸 승경에 농월정(弄月亭), 동호정(東湖亭), 거연정(居然亭), 군자정(君子亭) 등 여러 정자들이 입지하여 정자문화를 꽃피웠다. 농월정은 선조 때 예조참판을 지냈으며 임진왜란 때 의병을 일으킨 지족당(知足堂) 박명부(朴明榑)가 머문 곳이다. 동호정은 선조 때의 성리학자이자 충절 있는 신하였던 동호(東湖) 장만리(章萬里)의 공을 추모하여 1890년경 후손들이 건립한 것이다. 거연정은 1613년에 중추부사를 지낸 화림제(花林齊) 전시숙(全時叔)의 공적을 기리기 위하여 후손들이 건립한 것이다. 군자정은 조선 성종 때의 성리학자이며 조선 5현의 한 분인 일두(一蠹) 정여창(鄭汝昌) 선생을 추모하기 위해 후세 사람들이 세운 것이다.

월봉산 月峰山 Wolbongsan [異] 월봉(月峰), 민사비산

군의 서상면 월성리·대남리·상남리 일대에 걸쳐 있는 산이다(고도: 1,279m). 지역 주민들은 민사비산이라고도 불렀다. 덕유산 주능선인 남덕유산에서 남쪽으로 뻗은 지맥(支脈)이 월봉산을 일으키고 거망산과 황석산으로 이어졌다. 월봉산에서 동쪽으로 뻗은 맥은 금원산을 거쳐 남쪽의 기백산으로 이어졌다. 산의 북쪽과 서쪽 자락에 농경지가 형성되었고 자연마을의 취락이 발달하였다. 북사면 기슭에는 월성리가 위치하고, 서사면 자락의 기슭에는 상남리와 대남리가 입지하였다. 옛 이름은 월봉(月峰)이라고도 일컬었다. 『여지도서』(안음)에, "월봉은 황봉(黃峰)에서 동쪽으로 달려 이 산이 되었다. 현 서북쪽 40 리에 있다."고 기록하였다. 『대동지지』(안의)에서는 월봉산이라고 표기하고 북쪽 60리에 있다고 하였다.

중봉 中峰 Jungbong

군의 마천면 추성리와 산청군 시천면 중산리 일대에 걸쳐 있으며, 군의 경계를 이루고 있는 산이다(고도: 1,875m). 지리산 주능선의 천왕봉이 동쪽으로 맥을 뻗은 첫봉우리가 중봉이다. 중봉에서 북쪽으로는 하봉과 두류봉으로 이어지고, 동쪽으로는 써리봉으로 연결된다. 중봉과 중봉에 있는 마암(馬岩)은 『두류전지』에 지리산 명승지의 하나로 기재되었다. 남효온(1454~1492)의 『유천왕봉기(遊天王峯記)』에, "천왕봉의 봉우리 형세가 북쪽으로 내달리다 멈춘 곳이 중봉이다."고 하였다. 조선시대의 여러 유학자들이 지리산을 유람할 때 중봉을 거쳐 천왕봉에 이르곤 하였다. 1871년 9월에 중봉과 천왕봉을 유람하고 『유두류록(遊頭流錄)』을 쓴 배찬(裵瓚, 1825~1898)은 "중봉의 산막에서 잠시 쉰 다음 곧장 일월대(日月臺)에 이르렀다."고 기록하였다.

월명산 月明山 Wolbongsan [異] 수지봉(愁智峰)

군의 함양읍 백천리 월명마을의 뒷산이다(고도: 251m). 월명산의 옛 이름은 수지봉(愁智峰)이라고 하였다. 『신증동국여지승람』(함양) 과 『천령지』에도 수지봉과 그 위치가 수록되었다. 『함양군지』에 "수지봉(愁智峰)은 군 동쪽 10리에 있다. (지금의 함양면이다). 높이는 251m이다. 속칭 월명산(月明山)이라고도 한다."고 기록하였다. 월명산 이라는 이름은 현 백천리 월명마을에 있는 월명총(月明塚)에서 유래 된 것으로 추정된다. 『신증동국여지승람』(함양)에 의하면 수지봉에 월명총(月明冢)이 있다고 하면서, 다음과 같은 전설을 수록하고 있다. "옛날 동경의 장사꾼이 사근역의 계집 월명을 사랑하여 며칠 동안을 머물다가 갔다. 월명이 사모하다가 병이 되어 죽었으므로 여기에다 묻었다. 그 뒤에 장사꾼이 그 무덤에 가서 곡하다가 또한 죽어서 마침 내 같은 무덤에 묻혔다." 마을에 전해지는 이야기로는 그 이후에 수지 산을 월명산이라고 부르게 되었다고 한다. 가뭄이 드는 해에는 월명 총의 흙을 무너뜨리면 비가 내린다는 기우(祈雨) 민속이 있다. 『비변 사인방안지도』(함양)과 『광여도』(함양)에 월명총이 표기되었다. 『대 동지지』(함양)에는 "수지봉(愁知峰)이 동북쪽 10리"에 있다고 표기하 고,『대동여지도』에서도 함양 읍치의 진산인 백암산 북쪽에 표현되었 으나 오류라고 판단된다.

매봉산 鷹峰 Mabongsan

군의 병곡면 도천리와 송평리 일대에 걸쳐 있으며 경계를 이루고 있는 봉우리이다. 예전에 이름은 응봉(鷹峰)이라고 불렀으나 지금은 매봉산이라는 한글이름으로 바뀌었다. 매봉산 남사면 기슭으로 함양 위천이 가로질러 동쪽으로 흘러나간다. 조선시대 함양의 주요 관찬지 리지와 군현지도에는 응봉에 대한 표기가 없지만, 『함양군지』에 는 함양의 주요 산의 하나로 들어 다음과 같이 기록하고 있다. "응봉은 병곡면에 있다. 군에서 45리 거리에 있으며, 백운산에서 산줄기가 동쪽으로 와서 천왕점을 거쳐 남쪽으로 내달은 것이 이 봉우리이다. 쌍봉이 수려하고 우뚝 솟아 마치 손님과 주인이 서로 마주하는 모양이다. 우동마을과 송평마을의 경계를 이룬다." 지역 주민들은 산봉우리가 전체적으로 뾰족하고 매를 닮아 매봉산이라고 하고, 매봉산에서 동쪽으로 뻗은 날등을 방정곡 날이라 한다. 송평마을의 동쪽에 있는 매봉의 한줄기는 청룡날이라고 부른다.

취암산 鷲岩山 Mabongsan [異] 도숭산(道崇山), 수리봉

군의 지곡면 덕암리에 있는 산이다(고도: 1044m). 취암산은 조선시대 대부분의 지리지와 지도에 표기될 정도로 중요하게 취급되었지만 현대 지도에는 뚜렷한 위치의 표기가 없다. 『신증동국여지승람』(함양)와 함양의 읍지인 『천령지』, 그리고 『대동지지』(함양)에, "취암산(鷲岩山)은 군 북쪽 20리 지점에 있다."고 하였고, 『대동여지도』에도 취암산이 표기되었다. 『비변사인방안지도』(함양), 『조선지도』(함양), 『광여도』(함양), 『1872년지방지도』(함양)에도 취암산이 표기되고 있다. 『함양군지』에는 "취암산이 지금의 지곡면에 있다. 괘관산이 천왕점을 거쳐 동쪽으로 내달은 것이 이 산이다. 지금의 도숭산(道崇山)이 아닐까 한다."라고 기록하였다. 도숭산은 지곡면의 주산으로 지역 주민들은 명산으로 받아들인다. 도숭암(道崇菴)이라는 사찰이 있었다고 하며 신미년에 중수했다는 기록이 있으나 현재는 폐찰되었다. 도숭산이라는 지명의 유래는 도숭암에서 비롯된 것이다.

제4부

전라북도 남원

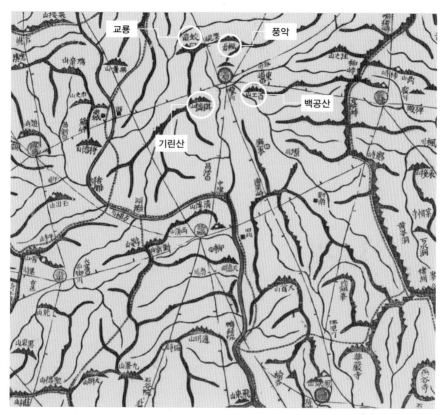

▲『대동여지도』의 교룡(산), 기린산, 백공산, 풍악(산)

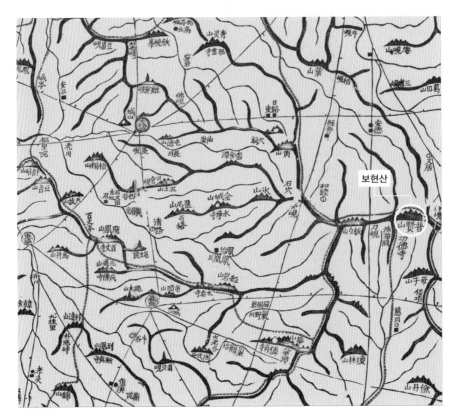

보현산

▲『대동여지도』의 보현산

▲『해동지도』(운봉)의 반야봉, 혈암(피바위)

▲『해동지도』(남원)의 율치(밤재), 숙성치, 여원치(연재)

—

전라북도 남원

—

남원시 南原市 Namwon-si

　도의 동남부에 위치한 시이다. 지리산을 경계로 동쪽은 함양군, 동남쪽은 하동군, 서쪽은 순창군, 남쪽은 구례군과 곡성군, 북쪽은 임실군과 장수군에 접한다. 지리산은 시의 동남쪽에 지리산이 크게 솟아 있고, 시를 관통하여 흐르는 요천은 섬진강에 합류하여 서북쪽에서 동남쪽으로 휘돌아 흐른다. 1읍 15면 7동을 관할한다.

　백제의 고룡군이었고, 대방군에 이어 남대방군이 되었다. 신라 경덕왕 때 남원소경으로 되면서 '남원' 지명이 처음 사용되었다. 『삼국사기지리지』에 "남원소경은 본래 백제의 고룡군인데 신라에서 병합하였다. 757년(신라 경덕왕 16)에 남원소경을 설치하였으니"라는 기록이 있다. 고려시대 들어 940년(고려 태조 23) 남원부로 고쳤고, 1310년(고려 충선왕 2)에 다시 대방군으로 하였다가 뒤에 남원군으로 고쳤고,

1360년(고려 공민왕 9)에 남원부로 승격하였다. 『고려사지리지』에 "용성(龍城)이라고도 부르며 이 부에 속한 군이 2개, 현이 7개 있다."는 등의 기사 내용이 있다.

조선시대 들어 이곳에 도호부가 설치되었다. 『신증동국여지승람』에 "1413년(태종 13)에 도호부로 고쳤다."고 하였다. 『여지도서』에 의하면 이곳이 47개 방리(坊里)로 이루어져 있음을 알 수 있다. 『해동지도』에는 모든 방(坊)의 지명과 함께 지리산·기린산(麒麟山)·장법산(長法山)·채병산(釵山) 등이 묘사되어 있다. 고개로는 복성치(福星峙)·비홍치(飛鴻峙)·수분치(水分峙) 등이 표기되고, 골짜기로 청계동(清溪洞)이 표시되었다.

1912년 당시에 남원군은 44개면, 344개 동리로 이루어져 있었고, 1914년 운봉군을 통합하여 남원군이 되면서 20개면, 186개 리로 개편되었다. 1981년 남원읍이 시로 승격·분리되었고, 1995년 남원군을 통합하여 남원시를 설치하여 오늘에 이른다.

금동 錦洞 Geum-dong

시의 구 남원읍 남동쪽에 위치한 행정동이다. 조산동·천거동·금동 등 3개 법정동을 관할하고 있다. 북쪽으로는 왕정동 및 주생면과 마주한다. 동쪽으로는 죽항동과 경계를 이루고, 남쪽으로 송동면과 연접되어 있다. 평야지대에 위치하며 북서쪽으로 축천이 흐르고, 남쪽으로는 요천이 동에서 서로 흘러 나간다. 시의 경제와 유통의 중심지로서 상업 지역이자 도농경관이 복합된 지역이다.

본래 장흥면(長興面)에 속했던 지역이다. 1914년 장흥면 검멀의 대부분을 금리라 개칭하였고, 검멀 일부와 조산리를 병합하여 조산리라

하였다. 1981년 남원읍이 시로 승격함에 따라 각각 금동·조산동으로 바뀌었고, 1998년에 천거동이 편입되었다. 자연마을로는 검머리·도칭거리·들독거리·관왕멀 등이 있다.

금동은 '검멀'을 한자화 하는 과정에서 '검'과 상통하는 '금(錦)'을 쓰게 되었다는 설과 이곳의 저명인사로 금촌(錦村)이라는 사람의 호(號)를 따 금리, 금동이 되었다는 설이 있다. 한편 금동의 관내인 조산동 지명은 남원부의 풍수 비보(裨補)를 위해 만든 수구막이 조산(造山)이 있어서 유래된 이름이다. 풍수지리설에 의하면 남원의 지형이 행주형(行舟形)인데 서남쪽이 허하여 기운이 흘러나가기 때문에 인재와 재물이 모이지 않는다 하여 수구막이로 숲과 조산을 만들어 지형상의 허함을 보완하였다고 전해진다. 이와 관련하여『용성지』에는 "7개의 돌무더기가 설치되어 있다. 읍을 지키고 살기 위한 수구막이라 한다." 는 기록이 있다.

노암동 鷺岩洞 Noam-dong

시의 구 남원읍의 동남쪽에 위치한 동이다. 노암동, 어현동, 신촌동의 3개 법정동을 관할하고 있다. 노암동은 요천강의 남쪽에 있으며 주천면·수지면·송동면과 접하고 있다. 노암동은 면적의 55%가 산림으로서 어현동, 신천동의 대부분은 산지 경관을 보이며, 북쪽으로는 요천강이 흐르고, 동쪽에는 원천천, 서쪽으로는 주천천이 있다. 노암동은 관광과 문화예술의 중심지이며 농공단지도 조성되어 있다. 심경암 석불좌상, 덕음암 석불좌상, 미륵암 석불, 남원 금남재 등의 문화재가 있다. 자연마을로는 남산골·비안정·술메 등이 있다. 노암동의 자연마을인 술메(술뫼, 戌山)는 풍수지리설로 노암동 뒷산이 개가 앉아 있는 모양으로 해석되기도 하였다. 본래 조선시대 주촌면(朱村面) 지역이었으며 1914년 주천면에 편입하였다. 1981년 시로 승격됨에 따라 노암동으로 개칭되어 오늘에 이른다. 『호구총수』(남원)의 주촌방에 술산리(述山里)와 비안정리(飛亭里)가 수록되어 있어 그 이전부터 취락이 발달한 것을 알 수 있다. 향토지에 의하면 노암동 뒷산이 해오리 형국으로 생긴 것에서 '해오리(해오라기) 노(鷺)'자와 금암봉의 '암(岩)'자를 따 노암동이 되었다고 하였다.

도통동 道通洞 Dotong-dong

시의 중앙에 위치한 행정동이다. 현재 월락동·고죽동·식정동·갈치동 등의 법정동을 관할하고 있다. 동쪽으로 요천이 흐르며, 동북쪽으로는 이백면과 산동면을 접하고 있으며, 죽항동·동충동·향교동과 경계하고 있다. 행정의 중심지이자 교통의 중심지에 위치하고 있다. 문화재로는 선원사 철조여래좌상, 선원사 동종, 선원사 약사전, 선원사 대웅전, 창주서원 등이 있다. 이중 창주서원에는 옥계(玉溪) 노진(盧眞, 1501~1572)을 배향하였다. 이곳의 백공산(百工山)은 남원부의 주산이다. 백공산의 허약한 지세를 북돋우기 위한 비보사찰로 선원사가 창건되었다고 전해진다.

조선시대 통한면(通漢面)·갈치면(葛峙面)에 속한 지역이었다. 『호구총수』(남원)에 갈치방(乫峙坊)·통한방(通漢坊)과 그 관할 마을인 동도리(東道里) 등이 수록되어 있다. 1914년 통한면의 통기리·동도리 일부와 갈치면의 월천리 일부를 병합하고, 동도와 통기의 이름을 한 글자씩 합해 '도통리' 지명이 생겨났다. 도통동에는 동도역이 있었는데, '사방으로 길이 통하는 곳'이라고 하여 도통리라고 하였다고 한다.

1981년 도통동이라 하였으며 1995년 남원시 도통동이 되었다.

동충동 東忠洞 Dongchung-dong

  시의 법정동이자 행정동이다. 동충동은 요천 북서쪽의 평지에 위치하고 있다. 동쪽은 도통동, 남쪽은 죽항동, 서쪽은 왕정동, 북쪽은 향교동이 인접하고 있다. 교통의 중심지이다. 남원성, 유애묘(遺愛廟), 3·1운동 기념비, 만인의총 비석 등의 문화재가 있다. 1300년대에 강화 노씨(江華魯氏)와 이천 서씨(利川徐氏)가 들어와 살면서 마을을 형성하였다고 한다.

  동충동은 본래 서봉면 지역이었다. 1914년 동촌(東村)·창동(倉洞)·양동(楊洞)과 통한면의 충촌(忠村)을 병합하여 동촌과 충촌에서 첫 글자를 따서 동충리라고 하였다. 1930년에 남원읍에 편입된 후 동부·서부·북부 지역으로 나뉘어져 있었다. 1981년 남원읍이 시로 승격되면서 3개 마을이 통합되어 동충동이 되었다. 『호구총수』(남원)에 서봉방(棲鳳坊)과 통한방(通漢坊)의 마을이 수록되어 있다.

왕정동 王亭洞 Wangjeong-dong

  시의 구 남원읍에 위치한 행정동이다. 현재 왕정동·신정동·화정동의 3개 법정동을 관할하고 있다. 신정동과 화정동은 야산으로 둘러싸여 있으며, 요천으로 합류하는 축천(丑川)이 있다. 동쪽으로는 죽항동, 서쪽으로 대산면, 남쪽으로 금동, 북쪽으로는 향교동과 접하고 있다. 남원의 4대문 중 하나인 서문을 중심으로 위치한다. 만복사지, 관왕묘 등의 문화재가 있다. 조선시대 만덕면(萬德面), 서봉면의 일부 지역이었다. '왕정' 지명은 태조 이성계와 관련이 있다. 고려 말 이성계(李成桂, 1335~1408)가 운봉 황산에서 왜구를 격파하고 돌아가는 길에 마을 앞 강변에서 쉬어 간 일이 있었는데, 훗날 왕위에 오르니 사람들은 마을 이름을 왕정(王亭)이라고 부르게 되었다는 이야기가 전한다. 1650년경 옥천 조씨(玉川趙氏)가 처음 터를 잡았으며 1700년경 장수 황씨(長水黃氏)가 옮겨와 살면서 마을이 형성되었다. 1914년 왕묘와 강정에서 이름을 따 왕정리로, 신기와 정치의 이름을 따서 신정리로, 화산리와 대정리를 병합하여 화정리라고 하고 남원읍에 편입되었다. 1981년 동으로 바뀌어 각각 왕정동 · 신정동 · 화정동으로 하였다.

죽항동 竹港洞 Jukhang-dong

시의 구 남원읍에 위치한 행정동이다. 현재 죽항동, 하정동, 쌍교동 등의 법정동을 관할하고 있다. 동북쪽에 도통동, 서쪽에 왕정동, 남쪽에 금동, 북쪽에 동충동과 접하고 있다. 조선시대에 읍치가 있었던 곳이다. 죽항동은 시장 및 공공기관, 금융기관이 밀집된 동으로서, 시의 교육, 문화, 교통, 금융, 유통의 중심적 역할을 담당하는 지역이다.

'죽항'이라는 동의 명칭은 하천의 범람을 막기 위한 풍수 비보를 위해 대나무 숲을 조성하면서 유래되었다. 1300년경부터 남원 양씨(南原梁氏)가 세거하여 오늘에 이르고 있다. 죽항동에 있는 문화재로는 남원 석돈(石墩), 관서당 남성재가 있다. 석돈은 남원부의 풍수 비보물로 객사(龍城館) 뒤를 보허(補虛)하기 위해 조산(造山)한 것으로 추정된다. 『용성지』에 의하면, "객관 뒤에는 석돈(石墩)이 있어서 고을이 풍요로웠고 인물이 번성하였는데 아사(衙舍)를 고칠 때 돌을 쓰면서 고을이 쇠락하고 인재가 성하지 못하였다는 말이 회자한다."는 기록이 있다. 조선시대 만덕면 지역이므로 1914년 죽우리·상항리 일부를 병합하여 죽항리가 되었다. 1981년에 죽항동으로 되었다. 이후 쌍교동을 죽항동으로 편입시켰으며, 1998년에 죽항·하정·쌍교동을 통합하여 죽항동이 되어 오늘에 이른다.

향교동 鄕校洞 Hyanggyo-dong

시의 구 남원읍에 위치한 행정동이다. 향교동·용정동·광치동·내척동·산곡동의 5개 법정동을 관할하고 있다. 북쪽에는 향교 앞으로 축천이 흐르고 있다. 자연마을로는 광석(廣石)·율치(栗峙)·내동(內洞) 등이 있다. 지명은 남원향교가 위치한 데서 유래하였다. 향교동 교촌은 1443년(세종 25) 남원향교가 덕음봉에서 옮겨온 후에 마을을 형성함으로써 이루어졌다.

조선시대 서봉면과 통한면·왕지전면(王之田面)의 일부 지역이었다. 1914년 서봉면의 구암·교촌·장승·정치와 통한면의 용정, 왕지전면의 응곡 일부를 병합하여 향교리라 하고 남원읍에 편입되었다. 1981년 남원읍이 시로 승격됨에 따라 남원시 향교동이 되어 오늘에 이른다. 동의 자연마을인 광석리와 내동리가 『호구총수』(남원)의 왕지전면에 수록되어 있다. 『해동지도』(남원), 『광여도』 등에 향교가 기재되어 있어 현재 동의 위치를 추정해 볼 수 있다.

운봉읍 雲峰邑 Unbong-eup [異] 모산현(母山縣)

　시의 동남쪽에 위치한 읍이다. 동쪽에는 산내면, 남쪽은 주천면, 북쪽은 산동면, 서쪽은 이백면과 접하고 있다. 현재 읍소재지인 서천리를 비롯한 주촌리, 덕산리 등 17개 법정리를 관할하고 있다. 백두대간 지리산 동편의 고원분지에 입지하였으며, 읍내의 하천은 동남쪽으로 흘러 남강으로 합류한다. 본래 신라의 모산현으로서 아영성, 혹은 아막성이라 하였는데, 신라 경덕왕이 운봉현으로 고치면서 지명이 생겨났다. 『삼국사기지리지』(천령)에 "운봉현은 본래 모산현 혹은 아영성이라고도 하고, 혹은 아막성이라고도 하는데, 경덕왕이 개명하여 지금도 그대로 일컫는다."는 기록이 있다. 고려 때에 남원부의 임내로 삼았다가, 『고려사지리지』(남원)에 "경덕왕이 천령군의 관할하에 현으로 만들었다. 고려에 와서 남원부에 소속시켰다. 이 현에 요해처로서 팔량 고개가 있는바 현 동쪽으로부터 경상도로 가는 길목이다."는 기사 내용이 있다. 조선시대에는 이곳에 읍치를 두었다. 『신증동국여지승람』(운봉)에 "1392년(태조 원년)에 감무를 두었고 뒤에 현감으로 고쳤다."고 하였다. 『호구총수』에서 읍내면, 남면, 서면이 현 운봉읍에 해당하고 읍내면은 동천리(東川里)·현두리(縣頭里)·객하리(客下里) 등 다수의 동리 명칭이 확인된다. 『여지도서』에는 17세기 중반의 운봉현은 동면, 산내면, 남면, 서면, 북상면, 북하면, 읍내면 등의 8개 방리로 이루어져 있는 것으로 수록되어 있다. 1912년에는 운봉군은 7개면, 108개 동리로 이루어져 있었다. 1914년 운봉군은 남원군 운봉면으로 편입되었다. 1995년 운봉면에서 읍으로 승격되어 오늘에 이른다.

금지면 金池面 Geumji-myeon

시 남서부에 있는 면이다. 동쪽은 송동면, 서쪽은 대강면, 남쪽은 곡성군, 북쪽은 주생면과 접해 있다. 풍악산과 문덕봉, 고리봉으로 이어지는 산맥이 면의 서쪽에 남북 방향으로 병풍처럼 둘러쳐져 있고, 요천이 면의 서편에 위치하여 남쪽으로 흘러나간다. 면소재지인 옹정리를 비롯하여 11개 리를 관할하고 있다.

금지면은 대체로 조선시대 남원부 관할의 기지방(機池坊), 금안방(金岸坊) 지역이었으며, 주포방도 일부 포함하였다. 지명은 1914년 금안면과 기지면의 한 글자씩을 따온 데서 유래되었다. 이들 지명과 관련하여 『여지도서』(남원)에 의하면, "남원부의 관문으로부터 기지방은 25리, 금안방은 30리 떨어진 지역"으로 기록하였다. 『해동지도』에는 기지방이 표기되었으며, 주기(註記)에는 "기지방은 초경(初境)이 20리이고 종경(終竟)이 30리"라고 기록하였다. 『호구총수』(운봉)에서 기지방에 서원리(書院里)·옹정리·입암리 등 다수의 동리 명칭이 확인된다. 1912년에는 기지면은 고룡동(古龍洞)·옹정동(甕井洞)·입암동(笠岩洞) 등으로, 금안면은 창활리(昌活里)·택촌(宅村)·평촌(坪村)·원기동(院基洞) 등으로 이루어져 있었다. 1942년에 금지면은 하도리를 더하여 오늘에 이른다.

대강면 帶江面 Daegang-myeon

시의 남서부에 있는 면이다. 면의 동쪽은 금지면과 주생면, 서쪽과 북쪽은 순창군, 남쪽은 곡성군과 접해 있다. 풍악산과 문덕봉, 고리봉으로 이어지는 산맥이 대강면의 동쪽에 남북방향으로 길게 뻗쳐있고,

섬진강이 대강면을 둥글게 에워싸고 동쪽으로 흐르면서 청계동 계곡을 지나 금지면으로 이어진다. 면소재지인 사석리를 비롯하여 13개 리를 관할하고 있다.

지명은 1914년 행정구역 개편 때 처음 생겨났다. 순자강의 흐르는 모습이 허리띠처럼 감아 돌며 흐르고 있어 '띠 대(帶)'자와 '물 강(江)'자를 써서 대강면이 되었다고 전한다. 조선시대 남원부에서 관할하는 48방 중 견소곡방(見所谷坊), 초랑방(草郎坊), 생조벌방(生鳥伐坊) 일대에 해당된다. 고려시대에 이곳에 방산(芳山)나루터와 금탄(金灘)나루터가 있었다고 한다. 『용성지』에 "부의 서쪽 60리에 보유향(寶有鄕)이 있다."고 기록된 것으로 보아 이곳의 옛 지명이었을 것으로 추정된다. 『여지도서』(남원)에 의하면, "남원부의 관문으로부터 견소곡방은 40리, 초랑방은 40리, 생조벌방 45리 떨어진 지역"으로 기록하였다. 『호구총수』에서 견소곡방에 다수의 동리 명칭이 확인된다. 『해동지도』에는 견소곡방이 표시되었으며, 주기(註記)에는 '견소곡방은 초경(初境)이 40리이고 종경(終竟)이 60리, 생조벌방은 초경 40리이고 종경이 50리, 초랑방은 초경이 40리이고 종경이 50리'라고 기록하였다. 견소곡방 왼쪽에는 방동제언(芳同堤堰)이 그려져 있다. 생조벌방 오른편에는 화산(華山)과 비홍치(飛鴻峙)가 묘사되어 있다. 1914년 당시 면은 풍산리(楓山里)·수홍리(水鴻里)·송대리(松帶里) 등 13개 리로 구성되었다. 1995년 남원시와 남원군이 통합함에 따라 남원시 대강면이 되었다.

대산면 大山面 Daesan-myeon

시의 서부에 있는 면이다. 면의 동쪽은 이백면, 순창군, 남쪽은 주생면, 북쪽은 사매면과 접해 있다. 서쪽으로 노적봉, 풍악산, 응봉으로 이어지는 산맥이 뻗쳐있고, 동쪽으로는 교룡산의 지맥이 두르고 있는 가운데의 분지 경관을 보인다. 관내의 운교천은 남쪽으로 흘러 옥률천과 만나고 이어 요천으로 합수한다. 면소재지인 운교리를 비롯하여 8개 리를 관할한다.

지명은 1914년 대곡면과 시산면의 한 글자씩을 따서 유래되었다. 조선시대 남원부 관할의 시라산방 지역이었다. 『여지도서』(남원)에 의하면, '시라산방은 남원부의 관문으로부터 15리 떨어진 지역'으로 기록하였다. 『해동지도』에 시라산방이 표시되었으며, 주기(註記)에는 '시라산방은 초경(初境)이 10리이고 종경(終竟)이 20리'라고 하였다. 또 시라산방 오른쪽에는 교룡산성(蛟龍山城)이 그려졌고, 왼쪽에는 난계사(蘭溪寺)가 그려져 있다. 『호구총수』에서, 시라산방은 신판리(新板里)·일길리(日吉里)·운제리(雲梯里)·좌사리(佐沙里)·율정리(栗亭里)·다전리(茶田里)·노촌리(蘆村理) 등 다수의 동리 명칭이 확인된다.

『구한국행정구역일람』에 의하면 시산면(時山面)은 신계동(新啓洞)·운교리(雲橋里)·일촌(日村) 등 7개 동리, 대곡면(大谷面)은 노산촌(老山村)·하대곡동(下大谷洞)·상대곡동(上大谷洞) 등 6개 동리로 이루어져 있었다. 1914년 대산면이 되면서 수덕리(水德里)·신계리(新溪里)·운교리(雲橋里) 등 12개 동리로 이루어졌다. 1995년 남원시와 남원군이 통합됨에 따라 남원시 대산면이 되었다.

덕과면 德果面 Deokgwa-myeon [異] 덕고방(德古坊), 적과방(迪果坊)

시의 북부에 위치한 면이다. 동쪽은 보절면, 서쪽은 임실군, 남쪽은 사매면, 북쪽은 임실군과 장수군에 접해 있다. 삼산, 도리봉, 둔내산이 서쪽에 솟아 있으며 동쪽으로는 성산으로 뻗어난 지맥에서 생겨난 구릉지가 산재하여 있다. 관내의 주요 하천은 남쪽의 수외천으로 모여서 서쪽으로 흘러 오수천과 합수한다. 면소재지인 고정리를 비롯하여 6개 리를 관할한다.

지명은 1914년 행정구역 통폐합 때 덕고방과 적과방의 한 글자씩을 따서 생긴 합성 지명이다. 조선시대의 적과방(迪果坊)과 덕고방(德古坊) 등의 일대 지역에 해당된다. 『여지도서』(남원)에 '남원부의 관문으로부터 덕고방은 40리, 적과방은 30리 떨어진 지역'으로 기록하였다. 『호구총수』에도 덕고방은 삽곡리(挿谷里)·고정리(高亭里)·수양리(垂楊里), 적과방은 상동리(上洞里)·조촌리(鳥村里)·작소리(鵲巢里) 등 다수의 동리 명칭이 확인된다. 『해동지도』에는 덕고방과 적과방이 표시되었으며, 주기(註記)에는 "덕고방은 초경(初境)이 40리이고 종경(終竟)이 50리이고, 적과방은 초경이 20리이고 종경이 30리"라고 기록하였다. 적과방 왼편에는 신북창(新北倉)이 그려졌으며, 덕고방 위쪽에는 요계서원(蓼溪書院)과 오수역(獒樹驛), 그리고 원(院)이 묘사되어 있다.

『구한국행정구역일람』에 의하면, 1912년 당시 적과면과 덕고면에 해당되었다. 적과면은 상율리(上栗里)·하율리(下栗里)·오현동(梧峴洞) 등 10개 리, 덕고면은 사곡동(沙谷洞)·월평리(月坪里)·망촌(望村) 등 24개 리로 이루어져 있었다. 1914년 덕과면이 신설되면서 당시에는 만도리(晩島里)·신양리(新陽里)·사율리(沙栗里) 등의 7개 리로 이루어졌다. 1995년 남원시 덕과면이 되어 오늘에 이른다.

보절면 節面 Bojeol-myeon [異] 고절방(高節坊), 보현방(寶玄坊)

시의 북부에 위치한 면이다. 동쪽은 산동면, 서쪽은 덕과면, 남쪽은 이백군, 북쪽은 장수군과 접해 있다. 동쪽으로 상서산, 천황산, 낙산

으로 이어지는 산맥과 북쪽은 사계봉, 서쪽은 성산으로 에워싸고 있
는 산맥의 가운데에 있는 분지지형이다. 관내의 주요 하천은 서남쪽
으로 흘러 율천에 모이고 다시 수외천과 합수한다. 면소재지인 신파
리등 9개 리를 관할한다.

지명은 1914년 보현방과 고절방의 한 글자씩을 따면서 유래되었다.
조선시대 보절면은 고절방(高節坊)과 보현방(寶玄坊)이 있던 지역이
다. 『여지도서』(남원)에 의하면, '남원부의 관문으로부터 고절방은 20
리, 보현방은 40리 떨어진 지역'으로 기록하였다. 『호구총수』에도 다
산리(茶山里)·내동리(內洞里)·갈치리(㗌峙里) 등 다수의 동리 명칭이
확인된다. 『해동지도』에는 고절방과 보현방이 표기되었으며, 주기(註
記)에는 "고절방은 초경(初境)이 20리이고 종경(終竟)이 30리이다. 보
현방은 초경이 30리이고 종경이 50리이다."라고 기록하였다. 보현방
왼편에는 구북창(舊北倉)이 그려져 있다.

『구한국행정구역일람』에 의하면, 1912년 당시의 고절면과 보현면
에 해당하였다. 고절면은 다산동(茶山洞)·금계리(錦溪里)·신기리(新
基里) 등 13개 리로, 보현면은 남황리(南黃里)·외황리(外黃里)·벌촌
(筏村) 등 15개 리로 이루어져 있었다. 1914년 보절면이 신설되면서
서치리(書峙里)·괴양리(槐陽里)·진기리(眞基里) 등의 9개 리로 구성
되었다. 1995년 남원시 보절면이 되어 오늘에 이른다.

사매면 巳梅面 Samae-myeon [異] 사동방, 매안방

시의 북서부에 위치한 면이다. 동쪽은 보절면과 이백면, 서쪽은 임
실군과 순창군, 남쪽은 대산면과 이백면, 북쪽은 덕과면에 접해 있다.
서쪽으로 둔내산, 노적봉, 풍악산으로 이어지는 산맥이 뻗쳐있고, 동

쪽으로는 계룡산에서 뻗어난 지맥에서 생겨난 구릉지가 산재하여 있다. 관내의 주요 하천은 북쪽으로 흘러 율천으로 모이고, 율천의 유역에 넓은 들을 이루었다. 면소재지인 오신리(梧新里)를 비롯하여 9개리를 관할한다.

지명은 1914년 사동면과 매내면 지명을 합성하여 유래되었다. 조선시대에 사동방과 매안방 일대에 해당된다. 『여지도서』(남원)에 의하면 "사동방과 매안방은 남원부의 관문으로부터 20리 떨어진 지역이다."라고 기록하였다. 『호구총수』에도 사동방은 서원리(書院里) · 마전리(麻田里) · 내동리(內洞里) 등 10개 리, 매안방은 대산리(大山里) · 상신기리(上新基里) · 화촌리(花村里) 등 7개 동리 명칭이 확인된다. 『해동지도』에는 사동방이 표시되었으며, 주기(註記)에는 "사동방은 초경(初境)이 20리이고 종경(終竟)이 30리"라고 기록하였다. 또 기지방 표기 아래에 고룡서원(古龍書院)이 그려져 있다.

『구한국행정구역일람』에 의하면 당시의 사동면과 매내면에 해당하였다. 사동면은 도촌(道村) · 서원촌(書院村) · 수동(壽洞) 등 12개 동리로, 매내면은 대산동(大山洞) · 상신촌(上新村) · 화촌(花村) 등 9개 동리로 이루어져 있었다. 1914년 사매면이 신설되면서 서도리(書道里) · 계수리(桂壽里) · 인화리(仁化里) 등 9개 리로 구성되어 오늘에 이른다. 매안방은 원래 구내방(丘內坊)이었으나 남원부사 정엽이 공자의 휘를 쓰는 것은 불가하다하고 그가 구내방을 돌면서 지형을 보고 지은 매화시에서 매안방으로 개칭하였다는 이야기가 전한다.

산내면 山內面 Sannae-myeon

시의 동남부에 위치한 면이다. 동쪽은 하동군과 함양군, 서쪽은 주천면·운봉읍·인월리, 남쪽은 구례군과 하동군군, 북쪽은 주천면·운봉읍·인월면과 접해 있다. 지리산의 지맥인 삼봉산, 반야봉, 만복대 등으로 둘러싸인 고원 분지에 입지하여 있고, 관내의 주요 하천은 동북쪽으로 흘러 만수천으로 모여 임천에 합류한다.

지명은 『여지도서』(운봉)에 "산내면은 운봉현의 관문으로부터 20리 떨어진 지역이다."라는 기록이 있는 것으로 보아 유래가 오래되었음을 알 수 있다. 조선시대의 운봉현 산내방 일대로,『호구총수』(남원)의 산내면에서 장항리(獐項里)·원수리(元水里)·영대리(靈臺里) 등 12개 동리 지명이 확인된다. 1897년에 운봉군 산내면이 되었으며, 29개 리를 관할하였다. 『구한국행정구역일람』에 의하면 1912년 당시에 묘동(猫洞)·건선동(件仙洞)·덕동(德洞) 등 26개 리로 이루어져 있었다. 1914년 남원군 산내면으로 되면서 덕동리(德洞里)·부운리(浮雲里)·내령리(內靈里) 등의 8개 리로 구성되었다. 1995년 남원시 산내면이 되어 오늘에 이른다.『한국지명총람』에는 지리산[山] 안쪽[內]이 되므로 산내면 지명이 유래한 것으로 보았다.

산동면 山東面 Sandong-myeon

시의 북동부에 위치한 면이다. 동쪽은 운봉읍과 장수군, 서쪽은 보절면, 남쪽은 이백면, 북쪽은 장수군과 접해 있다. 면을 가로질러 서쪽으로 흐르는 요천을 사이에 두고, 북서쪽으로 천황산, 연화산, 낙산의 연맥이 뻗어 있고, 남서쪽으로도 시루봉, 말봉, 매봉의 연맥이 뻗어내려 그 사이의 요천 유역에 위치하였다.

지명은『여지도서』(남원)에 '산동방(山東坊)은 남원부의 관문으로부터 30리 떨어진 지역'라는 기사 내용으로 보아 유래가 오래되었음을 보여 준다. 조선시대의 산동면 일대에 해당되어『호구총수』에는 산동 방에서 목동리(木洞里)·승연리(勝蓮里)·이곡리(梨谷里) 등 13개 동리 명칭이 확인된다.『구한국행정구역일람』에 의하면 당시 견소곡면·초랑면·생조벌면에 해당하였다. 견소곡면은 입암리(立岩里)·평촌(坪村)·옥전리(玉田里) 등 9개 리, 초랑면은 일리(一里)·이리(二里)·삼리(三里) 등 6개 리, 생조벌면은 월산리(月山里)·사촌(沙村)·제암동(濟岩洞) 등 9개 리로 이루어져 있었다.『구한국행정구역일람』에 의하면 1942년 당시 산동면은 목동리, 식련리, 부절리, 태평리, 대기리, 월석리, 대상리 등의 7개 리로 구성되었다. 1995년 남원시 산동면이 되어 오늘에 이른다. 천황산[山] 동쪽[東]이 되므로 산동면 지명이 유래하였다고 전한다.

송동면 松洞面 Songdong-myeon

시의 남서부에 위치한 면이다. 면 경계의 동쪽은 수지면과 주천면, 서쪽은 금지면과 주생면, 남쪽은 곡성군, 북쪽은 이백면과 접해 있다. 남쪽으로는 옥녀봉, 원동봉, 가마봉 등이 에워싸고 있고, 요천을 사이에 두고 주생면과 경계를 이룬다. 관내의 물은 북쪽으로 흘러 요천에서 만나 다시 남쪽으로 흘러 섬진강에 합류한다. 면소재지인 송기리(松基里) 등 13개 리를 관할한다.

지명은 1914년 송내면과 두동면을 합성하며 유래되었다. 조선시대 송동면 송내방(松內坊), 흑성방(黑城坊), 두동방(豆洞坊) 등 3개 방 일대에 해당된다.『구한국행정구역일람』에 의하면 1912년 당시에 송내면은 7개의 리로, 두동면은 16개의 리로 이루어져 있었다.『신구대조』에 의하면, 1917년 당시 송동면은 하도리(下島里)·세전리(細田里)·양평리(陽坪里) 등 9개 리로 이루어졌으며 1942년 당시 송동면은 신평리 · 송내리 · 사촌리 등의 13개 리로 구성되었다. 1995년 남원시 송동면이 되어 오늘에 이른다. 한편 면소재지인 송기리 지명은 소가 누워 있는 형국이라 하여 소터, 솔터 또는 우동(牛洞)이라 했는데 송기리로 바뀌었다고 전한다.

수지면 水旨面 Suji-myeon

시의 남서부에 위치한 면이다. 동쪽은 구례군, 서쪽은 송동면, 남쪽은 곡성군과 구례군, 북쪽은 송동면과 주천면에 접해 있다. 면의 북쪽으로는 옥녀봉, 원동봉, 가마봉, 금저봉이 에워싸고 있고, 남쪽으로는 견두산에서 천마산에 이르는 지리산의 지맥이 높이 솟아 있는 가운데의 분지에 입지하여 있다. 관내의 주요 하천은 수지천으로 모여 남서쪽으로 흐르다가 섬진강에 합류한다. 면소재지인 호곡리(好谷里)를 비롯하여 6개 리를 관할한다.

지명은 조선시대 이곳에 있었던 수지방(水旨防)에서 유래되었다. 『여지도서』(남원)에 의하면, '수지방은 남원부의 관문으로부터 20리 떨어진 지역'으로 기록하였다. 『해동지도』에 수지방이 표시되었으며, 주기(註記)에는 '수지방은 초경(初境)이 20리이고 종경(終竟)이 40리'라고 기록하였다. 또 수지방 오른쪽에는 신남창(新南倉)이 그려져 있다. 수지방과 함께 초리방이 일대에 해당된다. 『호구총수』의 수지방에는 창촌리(倉村里) · 직하리(直下里) · 서당리(書堂里) 등 13개 동리 지명이 확인된다.

『구한국행정구역일람』에 의하면, 1912년 당시에 수지면은 남창동(南倉洞) · 초리(草里) · 등동(燈洞) 등 14개 동리로 이루어져 있었다.

『신구대조』에는 수지면은 남창리, 초리, 산정리, 유암리, 호곡리, 고평리의 6개 리로 구성되어 있었다. 1995년 남원시 수지면이 되어 오늘에 이른다. 면 중심부를 관통하는 하천(수지천)이 깨끗하고 맛이 유난히 좋은 곳이라고 하여 '물 수(水)'자와 '맛 지(旨)'자를 붙여 수지면 지명이 유래하였다고 전한다.

아영면 阿英面 Ayeong-myeon

시의 북동단에 위치한 면이다. 동쪽은 함양군·서쪽은 장수군·남쪽은 인월면, 북쪽은 장수군과 함양군에 접해 있다. 면을 중심으로 봉화산, 연비산, 상산, 성산으로 주위가 에워싸여 있고, 관내의 주요 하천은 남쪽으로 흘러 풍천에 모이며 흘러나가다가 만수천과 합수한다. 면소재지인 갈계리(葛溪里)를 비롯하여 11개 리를 관할한다.

지명은 이 일대에 있던 고려시대의 고지명인 '아영(阿英)'에서 유래되었다. 이곳은 757년(신라 경덕왕 16)까지는 모산현(母山縣)에 속해 천령군(天嶺郡, 현 경남 함양군)에 예속되었다. 이후 운봉현으로 개칭되었고, 940년(고려 태조 23)에 운봉현이 남원부의 관할이 되면서 아용곡(阿容谷), 또는 아영(阿英), 아막(阿莫)이라 하였다. 당시 북상면(北上面)과 북하면(北下面)에 해당되었다. 당시 북상면은 아곡동(阿谷洞)·봉대동(鳳臺洞)·청계동(淸溪洞) 등 13개 동리로, 북하면은 부동(釜洞)·월성동(月城洞)·이동(梨洞) 등 9개 동리로 이루어져 있었다. 1914년 행정구역 개편 이후 아곡리(阿谷里)·봉대리(鳳臺里) 등 11개 리로 이루어졌다. 1995년 남원시 아영면이 되어 오늘에 이른다. 한편 면소재지인 갈계리는 이곳에 정착 당시 천년묵은 칡덩굴이 우거지고 마을 앞으로 냇물이 동맥처럼 흐르고 있어 지명이 유래되었다고 전한다.

이백면 二白面 Ibaek-myeon

시의 중부에 위치한 면이다. 동쪽은 운봉읍·서쪽은 대산면과 주생면, 남쪽은 송동면과 주천면, 북쪽은 사매면·보절면·산동면과 접해 있다. 면소재지를 중심으로 매봉, 솟구리봉, 장백산 등의 봉우리가 둥글게 에워싸고 있고, 관내의 주요 하천은 백암천으로 모여 서쪽으로 흐르다가 요천과 합류한다.

지명은 1914년 당시 이곳에 있었던 백암방(白巖坊)과 백파방(白波坊)에서 앞의 '흰 백(白)'자 두 개를 따서 유래되었다. 백제의 고룡군에 속하였다가 신라 경덕왕 때에 백암방(白巖坊)과 백파방(白波坊)으로 나뉘었다. 『여지도서』(남원)에 "남원부의 관문으로부터 백암방은 20리, 백파방은 25리 떨어진 지역이다."라는 기록이 있다. 『호구총수』에도 백암방에서 신촌리(新村里)·용혼리(龍渾里)·초동리(草洞里) 등 11개 동리, 백파방에서 남평리(藍坪里)·내동리(內洞里)·한곡리(閑谷里) 등 6개 마을 지명이 확인된다. 『해동지도』에 백암방과 백파방이 표시되었으며, 주기(註記)에는 "백암방은 초경(初境)이 10리이고 종경(終竟)이 30리이며, 백파방은 초경이 10리이고 종경이 20리이다."라고 기록하였다. 또 백암방 왼쪽에는 덕음봉(德陰峰)이 그려져 있다.

『구한국행정구역일람』에 의하면, 1912년 당시에 백암면과 백파면에 해당하였다. 백암면은 척동(尺洞)·서당동(書堂洞)·폐문리(閉門里) 등 11개 리, 백파면은 목가리(木街里)·수산리(修山里)·남평리(藍坪里) 등 10개 리로 구성되어 있다. 1914년 이백면이 신설되었으며 초촌리(草村里)·척문리(尺門里)·서곡리(書谷里) 등 10개 리로 구성되었다. 1995년 도농 통합시 남원시 이백면이 되어 오늘에 이른다.

인월면 引月面 Inwol-myeon

시의 동부에 위치한 면이다. 동쪽은 운봉읍, 서쪽은 함양군, 남쪽은 산내면·북쪽은 아영면과 접해 있다. 남쪽으로는 지리산 연맥이 크게 솟아있고, 관내의 주요 하천은 풍천으로 모여 남쪽 방향으로 흐르다가 만수천과 합수한다. 면소재인 인월리를 비롯하여 9개 리를 관할한다.

'인월' 지명은 1380년(고려 우왕 6) 이성계 장군이 왜장 아지발도(阿只拔都)와의 황산싸움에서 달[月]을 끌어[引] 승전하였다는 이야기에서 유래되었다고 전한다. 1998년까지는 남원군 동면을 인월면으로 개칭하면서 면 지명으로 사용되었다. 940년(고려 태조 23)에 역원(驛院)이 설치되어 인월역(引月驛)이라 하였다. 1895년(고종32) 운봉군에 속하게 되었다. 『구한국행정구역일람』에 의하면, 1912년 당시에 면은 운봉군 동면에 해당하였으며 당시 동면은 성내동(城內洞)·유곡동(酉谷洞)·사창동(社倉洞) 등 24개 리로 이루어져 있었다. 1914년 행정구역 개편 이후 당시 동면은 중군리(中軍里)·인월리(引月里)·서무리(西茂里) 등의 10개 리로 구성되었다. 1995년 남원시 동면이 되었고, 1998년 인월면으로 개칭하여 오늘에 이른다. 『대동여지도』(18첩 5면)에 운봉현 동쪽, 식치(食峙) 서쪽에 인월(引月)이 역으로 묘사되어 있으며 『해동지도』(운봉), 『청구도』 등에서도 인월역이 기재되어 있다.

주생면 周生面 Jusaeng-myeon [異] 주포방

시의 남서부에 위치한 면이다. 동쪽은 송동면과 이백면, 서쪽은 대강면, 남쪽은 금지면, 북쪽은 대산면과 접해 있다. 풍악산과 문덕봉, 고리봉으로 이어지는 산맥이 면의 서쪽에 남북으로 뻗쳐있고, 요천이 면의 남쪽에 걸쳐 있어 남서쪽으로 흐르다가 섬진강에 합류한다. 면 소재지인 지당리(池塘里)를 비롯하여 9개 리를 관할한다.

지명은 1914년 '주포(周浦)'와 '남생(南生)' 지명을 합성하여 유래되었다. 조선시대 이언방(伊彦坊), 주포방(周浦坊), 자성방(者省坊,南生坊) 등 3개 방이 있었던 지역이다. 『여지도서』(남원)에 "주포방은 남원부의 관문으로부터 20리 떨어진 지역이다."라고 기록하였다. 『호구총수』의 주포방에서 서원리(書院里)·지당리(池塘里)·유촌리(榆村里) 등 7개의 지명이 확인된다. 『해동지도』에 주포방이 표시되었으며, 주기(註記)에는 "주포방은 초경(初境)이 15리이고 종경(終竟)이 25리이다."라고 기록하였다. 주포방 오른쪽에는 용두정(龍頭亭)이 그려져 있다. 『구한국행정구역일람』에 의하면 1912년 당시 면은 대체로 이언면, 남생면, 주포면에 해당하였다. 이언면은 상동(上洞)·중동(中洞)·하동(下洞)·부동(富洞) 등 4개 동, 남생면은 내동(內洞)·광천리(廣川里)·상도동(上道洞) 등 6개 동, 주포면은 충동(忠洞)·효동(孝洞)·외지당촌(外池塘村) 등 10개 동리로 이루어져 있었다. 『신구대조』에 의하면 당시 신설된 주생면은 상동리(上洞里)·중동리(中洞里)·낙동리(樂洞里) 등의 현행 9개 리로 구성되어 있었다. 1995년 남원시 주생면이 되어 오늘에 이른다.

주천면 朱川面 Jucheon-myeon [異] 하원천방·상원천방·주촌방

시의 남부에 위치한 면이다. 동쪽은 운봉읍과 산내면, 서쪽은 송동면과 수지면, 남쪽은 구례군·북쪽은 이백면과 운봉읍에 인접해 있다. 지리산의 연맥이 동남쪽에 크게 펼쳐져 있으며, 관내의 주요 하천은 원천천과 주촌천으로 모여 서쪽으로 흐르다가 요천에 합류한다. 면소재지인 장안리(長安里)를 비롯하여 11개 리를 관할하고 있다.

'주천' 지명은 1914년 주촌면(朱村面)과 원천면(元川面)의 지명을 합성하여 유래되었다. 조선시대에 하원천방·상원천방, 주촌방 등 3개의 방이 있었던 지역이었다. 『여지도서』(남원)에 의하면, '남원부의 관문으로부터 원천방과 주촌방은 20리 떨어진 지역'으로 기록하였다. 『호구총수』에도 원천방에서 황영리(黃嶺里)·고촌리(高村里)·수침리(水砧里) 등, 주촌방에서 웅치리(熊峙里)·치촌리(峙村里)·덕촌리(德村里) 등 다수의 동리 명칭이 확인된다. 『해동지도』에 원촌방과 주촌방이 표시되었으며, 주기(註記)에는 "원천방은 초경(初境)이 10리이고 종경(終竟)이 50리이다. 주촌방은 초경이 7리이고 종경이 25리이다."라고 기록하였다. 원천방은 덕음봉(德陰峰) 아래에 있고, 주촌방은 율치험애(栗峙險)의 골짜기를 끼고 있는 것으로 그려져 있다.

1897년에 면으로 바뀌고 하원천면이 주천면의 중심이 되었다. 『구한국행정구역일람』에 의하면, 1912년 당시의 주천면은 하주리(下周里)·서송촌(西松村)·외서송촌(外西松村) 등 14개 리, 상원천면은 회덕동(會德洞)·내기동(內基洞)·달궁리(達宮里) 등 5개 리, 하원천면은 내촌(內村)·상송치동(上松峙洞) 등 13개 동리로 이루어져 있었다. 1917년 당시 『신구대조』에 의하면 노암리(鷺岩里)·어현리(漁峴里)·주천리(周川里) 등 11개 리로 구성되었다. 1995년 남원시와 남원군이 통합됨에 따라 남원시 주천면이 되어 오늘에 이른다.

견두산 犬頭山 Gyeondusan [異] 견수산(犬首山), 개머리산, 호두산(虎頭山)

시의 수지면 고평리와 전라남도 구례군 산동면 계천리의 경계에 위치하고 있는 산이다(고도: 775m). 산의 동쪽에서 발원한 하천이 대두천에 합류한 후 서시천이 되고 서쪽에서 발원한 하천은 고평천 등에 합류해 수지천이 된다. 전라북도와 전라남도의 경계이며, 사람들에게 잘 알려지지 않은 철쭉 군락지가 있다. 옛날에는 범의 머리를 닮았다고 하여 호두산(虎頭山)이라고 하였는데, 남원에서 호랑이에게 물려 죽는 일이 많아, 남원읍내에 호석을 세우고 견두산으로 개명한 후 호환이 없어졌다 하여 견두산이라 칭했다는 유래가 있다. 또한 산봉우리가 개머리와 같이 생겨서 붙여진 이름이라는 유래도 전한다. 『한국의 산지』에 의하면 견두산은 '견수산(犬首山)'으로도 기록되었다고 한다. 『신증동국여지승람』(남원)에 "견수산(犬首山)은 부의 남쪽 45리에 있다."고 하였다. 이후 『동여비고』(전라도), 『용성지』, 『대동여지도』(18첩 4면), 『조선환여승람』 등의 지리지와 고지도에도 견수산으로 기록되어 있다. 하지만 『여지도서』(남원지도), 『1872년지방지도』(남원), 『조선지형도』(구례) 등에 견두산으로 표기되어 있다. 이를 통해 조선 후기부터 일제강점기까지 견수산과 견두산을 혼용해 사용 한 것으로 보인다. 산의 북쪽 골짜기에는 삼국시대의 사찰로 추정되는 극락사가 있었다고 한다. 현재 산에 견두산마애여래입상(도 유형문화재 제199호)이 남아 있다.

교룡산 蛟龍山 Gyoryongsan

시의 대산면 옥률리에 있는 산이다(고도: 519m). 백두대간의 주맥에서 덕유산과 장안산을 지나 장수 동쪽의 영취산(靈鷲山)으로부터 맥이 갈라져 내려와서, 수분치(水分峙)를 지나 천황산에 이르고 그 큰 가지가 남원 북쪽에 맺혀서 산을 이루었다. 수계(水系)는, 산의 동사면으로 내척천으로 모여 율치천과 합류하여 요천으로 이어지고, 서사면으로는 옥률천으로 모여 역시 요천으로 합류된다. 산의 역사경관으로는 산성이 있다. 산기슭에 율정·내동·보성·미동·용정·서화정·금강 등의 자연마을이 입지해 있다.『신증동국여지승람』(남원)에 "진산은 교룡(蛟龍)이요, 부의 서북쪽에 있다."(중략) "교룡산은 부의 서쪽 7리에 있는데 북쪽에는 밀덕봉(密德峯)과 복덕봉(福德峯)이 하늘을 받치고 높이 솟아 있다."라는 기사 내용이 있다.『여지도서』(남원)에는 "교룡산은 덕유산에서 오는데 부의 북쪽 10리에 있다."라고 기록되어 있다.『대동여지도』에는 '교룡(蛟龍)'이라고 기재되어 있고, 산성 표시가 있다. 남원의 지세는 풍수적으로 백공산이 주산이고 교룡산이 객산(客山)인데, 주산은 약하고 객산인 교룡산은 산세가 강대하므로 주산이 객산에 압도당한 형국이다.『삼한산림비기(三韓山林秘記)』에서도 말하기를, "남원은 주산이 낮고 객산이 건장하여, 서자가 요망함을 부리고 관직에 있는 이에게 해독을 끼친다."라고 하였다. 이에 남원부에서는 약한 주산은 북돋우고 강한 객산은 눌러야 할 필요를 느껴 비보 사찰을 배치하였다.

덕두산 德頭山 Deokdusan [異] 흥덕산

시의 운봉읍 화수리와 인월면 중군리 일대에 위치한 산이다(고도: 1,150m). 지리산 북쪽 줄기의 끝자락에 위치하며 산 남쪽으로 바래봉, 팔량재 등이 이어진다. 산 북쪽에 황산이 위치하며 그 사이 좁은 지역으로 람천이, 산의 동쪽으로 광천이 흐른다. 북사면에서 발원한 하천이 옥계저수지를 이룬 후 람천으로 합류하는 등 람천과 광천의 지류가 발원한다.『여지도서』(운봉),『운봉현읍지』 등에 수성암(水聲菴)이

덕두산(德斗山)에 있다고 수록하여 현재와 한자를 달리하였다. 『호남지도』와 『청구요람』(22첩 12면)에 수성암이 표기되어 있으며, 『읍지』(운봉지도)에 덕두산(德斗山)이 읍치 서쪽, 응봉(鷹峯) 북쪽에 위치한 산으로 묘사되어 있다. 『조선지형도』에 덕두산(德頭山)으로 표기된 것으로 보아 일제강점기 이후 한자 지명이 변화된 것으로 보인다.

백공산 百工山

시의 도통동에 있는 산이다(고도: 185m). 백두대간의 주맥에서 덕유산과 장안산을 지나 장수 동쪽의 영취산(靈鷲山)으로부터 맥이 갈라져 내려와서 천황산에 이르고 큰 가지는 교룡산으로 이어지고, 지맥은 백공산을 맺어 남원 읍치의 풍수적인 주산이 되었다. 수계는, 산의 동사면으로 고죽천으로 모여 흐르다가 요천을 만나 합류하고, 서사면으로는 율치천으로 모여 흐르다가 역시 요천을 만나 합류된다. 『신증동국여지승람』(남원)에 "백공산은 부의 동쪽 8리에 있다."라는 기록이다. 『여지도서』(남원)에는 "백공산은 무주 덕유산에 나와 남원부의 주맥이 되며 남원부의 동쪽 2리에 있다."라는 기사 내용이 있다. 『1872년지방군현지도』(남원)에는 남원부 읍성의 동북쪽 모서리 위편에 백공산이 그려져 있다. 『대동여지도』(18첩 4면)에도 도동역(道東驛) 남쪽에 '백공산'이 묘사되어 있고, 산의 맥이 요천 아래의 맥으로 표기되어 있어 백두대간에서 바로 뻗어 나온 것임을 알 수 있다. 남원의 지세는 백공산이 주산이고 교룡산이 객산(客山)인데·주산은 약하고, 객산인 교룡산은 산세가 강대하므로 주산이 객산에 압도당한 형국이다. 대복사·만복사·선원사를 비보사찰로 짓되, 선원사를 백공산 날줄기의 끝에 세운 것은 백공산의 약세를 북돋기 위함이다. 남

▲ 백공산

원의 주산인 백공산의 형세가 마치 남원읍에 대드는 것과 같이 억센 형세를 이루고 있어 남원성 주민들이 재난을 겪는다고 여겨 억센 기운을 억누르기 위해 쇠로 만든 소(鐵牛)를 세웠다고 한다.

성산 城山 Seongsan

시의 운봉읍 신기리에 위치한 산이다(고도: 537m). 운봉읍 중심지 북쪽에 위치한 운봉의 주산으로 산 앞으로 람천이 흐른다. 『여지도서』(운봉)에 "성산(城山)은 적산(赤山)에서 뻗어 나와 고을의 으뜸이 되는 산줄기를 이룬다."고 하여 그 이전부터 사용된 지명으로 보인다. 이 후 『운봉현읍지』, 『운성지』 등에 운봉현의 주산으로 기록되어 있다.『호남지도』,『지승』등 대부분의 조선 후기 고지도에 기산(箕山)에서 왼쪽으로 뻗어 내린 산줄기가 유치(柳峙)를 지나 읍치 북쪽에서 성산을 이루는 것으로 묘사되어 있다. 또한 여단이산 아래에 묘사되어 있어 조선시대 제사가 이루어 진 것을 알 수 있다.『한국지명총람』에 의하면 성산은 '잿몰산'이라고도 불린다고 하였으며 성(城) 같이 생겼다고 수록하였다.

장백산 長白山 Jangbaeksan [異] 장법산(長法山)

시의 주천면 호기리와 이백면 초촌리에 걸쳐 있는 산이다(고도: 456m). 남원시내의 동쪽에 있으며, 동쪽으로 지리산에 이어진다. 산 정상에서 남원 시내와 요천이 한눈에 내려다보이며 원천천이 발원한다. 이 산에 '주장봉망'이란 명당이 있어 장봉산이 되었고, 그 후에 장백산 혹은 장법산으로 되었다고 한다.『신증동국여지승람』에는 장법산(長法山)이라 기록되어 있으며 "부의 동쪽 7리에 있다."고 기록되어 있다.

천황산 Cheonhwangsan [異] 보현산, 만행산

시의 보절면 도룡리와 국포리·대상리에 걸쳐 있는 산이다(고도: 909m). 백두대간의 주맥에서 덕유산과 장안산을 지나 장수 동쪽의 영취산(靈鷲山)으로부터 맥이 갈라져 내려와서 수분치(水分峙)를 지나 천황산에 이르렀다. 천황산에서 서남쪽으로는 교룡산이 이어진다. 수계는, 천황산의 동사면과 남사면의 대상천으로 모여 남쪽으로 흐르다가 요천을 만나 합류하고, 서사면으로는 도룡천과 다산천이 모여 율천에 합수하면서 진기천으로 합류된다. 보현산 혹은 보현봉(普賢峰), 만행산(萬行山)이라고 부르기도 한다. 원래 산의 옛 이름은 만행산이다. 『대동여지도』(17첩 4면)에는 보현산으로 기재되어 있다. 산동면에서는 천황봉, 보절면에서는 만행산이라고 부른다. 남원의 지세는 백공산이 주산인데 교룡산에게 압도당한 형국이다. 주산을 북돋우기 위해 비보사찰인 선원사를 백공산에 배치하고 현판을 만행산 선원사(萬行山禪院寺)라고 쓴 것은 백공산의 모체가 천황봉 아래의 만행산 줄기이므로 만행산의 큰 힘을 불러오려는 뜻이 담겨 있다.

풍악산 Pungaksan

시의 대산면 운교리에 위치한 산이다(고도: 610m). 백두대간의 주맥에서 덕유산과 장안산을 지나 장수 동쪽의 영취산(靈鷲山)으로부터 맥이 갈라져 내려와서 수분치(水分峙)를 지나고, 다시 북쪽으로 장수의 성수산을 이루며 그 맥이 서쪽으로 뻗어와서 고달산과 노적봉을 이룬 뒤에 풍악산으로 이어진다. 수계는, 산 동사면의 운교천에 모여 남쪽으로 흐르며 옥률천과 요천을 합류한다. 서사면으로는 오수천을 향해 지류들이 모여 흐르다가 역시 요천을 만나 합류한다. 시와 순창군의 자연 경계를 이루고 있으며 순창군의 수정리·주월리·내령리 등을 포함하고 있다. 산의 남원시 영역의 자락에는 신촌마을·월계·막터골 등의 자연마을이 있다. 『대동지지』(남원)에 "풍악은 북쪽 5리에 있다."라는 기록이 있다. 『대동여지도』(18첩 4면)에는 남원부의 북쪽인 주산 내맥(來脈) 위쪽에 '풍악(楓岳)'이라고 기재되어 있다. 금강산(金剛山)처럼 경관이 아름다워 이름을 풍악산(楓岳山)이라 하였으며 단풍나무산이라고도 한다.

황산 荒山 Hwangsan

　시의 아영면 봉대리에 있으며, 서무리·가산리·인월리의 경계에 있는 산이다(고도: 697m). 백두대간의 지리산 바래봉에서 맥이 이어져 내려와서 산지를 이루고 있다. 수계는, 산의 동사면과 북사면에서 풍천으로 모이고 남쪽으로 흘러 만수천과 합수하다가 군자천으로 이어진다. 서사면과 남사면으로는 람천을 향해 지류들이 모이다가 풍천을 만나 군자천으로 합류한다. 산자락에는 양지골·서무 등의 자연마을이 입지하여 있다. 『해동지도』(운봉)에 읍치 위편에 황산이 그려져 있다. 황산 왼편에는 명저치(鳴猪峙)가 기재되었다. 예전부터 운봉은 교통의 요충지로 전략적으로 중요했는데, 특히 황산은 외적을 막았던 길목이었다. 고려 말 왜구의 노략질이 잦아지자 우왕은 이성계를 남원 운봉에 급파하였다. 남해안으로 상륙한 아지발도(阿只拔都, ?~1380)는 진주를 거쳐 팔량치를 넘어오다가 황산에 이르러서 대패하였다. '인월면' 지명은 이에 유래되었으며, 황산대첩이라는 명칭과 피바위라는 전설이 남게 되었다. 『신증동국여지승람』에 "현의 동쪽 16리에 있다."라 기록되어 있으며, 『여지도서』에는 "경상도 함양 백운산(白雲山)에서 뻗어 나오며, 관아의 동쪽 10리에 있다. 곧 태조대왕이 왜구에게 승리를 거둔 곳이다."라고 기록되어 있다.

고리봉 Goribong

　시의 금지면 방촌리에 위치한 산이다(고도: 710m). 백두대간의 주맥인 덕유산과 영취산(靈鷲山)에서 맥이 갈라져서 동남쪽으로 천황산과 교룡산에 이르고 그 주맥이 남쪽으로 곧장 뻗어 내려와서 문덕봉·삿

갓봉을 이루고 이어진 산줄기에 고리봉이 있다. 섬진강은 산의 기슭을 남쪽으로 감돌아 흐르면서 청계동 계곡을 만들며, 다시 남원을 관류하여 흘러나온 요천과 합류한다. 산은 방촌리·서매리·강석리·사석리·상귀리·택내리의 경계에 있다. 남원 읍기(邑基)의 지세는 동쪽의 요천과 서쪽의 율천에 둘러싸여 물 위에 떠 있는 배의 형세(行舟形)로 이 형국을 비보하기 위하여 배가 떠내려가지 않도록 인공적으로 토성을 쌓고 배를 매어두는 산(造山)을 만들었다는 해석도 있다. 『용성지』에 "전해 내려오는 말로 도선이… 남원부의 지리를 진압하기 위하여 여러 비보사찰과 함께, 축천(丑川)에는 철우(鐵牛)를 만들었고, 골회봉(鶻回峯)에는 용담(龍潭)과 호산(虎山)에 철환(鉄環)의 탑을 만들었다."라는 기록이 있다. 『한국지명총람』에 산의 지명과 관련해 천지개벽 때 봉우리에 박혀 있는 고리에 배를 매었다는 이야기를 수록하였다.

기린봉 麒麟峰 Girinbong [異] 기린산(麒麟山)

시의 왕정동에 위치한 산이다. 교룡산 남쪽 자락으로 시가지 서쪽에 있는 낮은 산이다. 『신증동국여지승람』(남원)에 만복사(萬福寺)가 기린산(麒麟山) 동쪽에 있다는 기록으로 보아 그 이전부터 불린 지명으로 보인다. 그 후 『용성지』의 "기린산은 부의 서쪽 4리에 있다. 만복사 뒤에 있다." 등에서 그 기록에서 찾아 볼 수 있다. 『해동지도』(남원)와 『1872년지방지도』 등에서 기린산이 읍치 서쪽에 표기 되어 있다. 특히 『대동여지도』(18첩 4면)에는 덕유산에서 남서쪽으로 뻗어 내린 산줄기가 남원에서 수분현과 교룡산을 거쳐 읍치 남쪽에서 기린산을 이루는 것으로 묘사되어 있다. 고려 때 건설한 것으로 알려진 만복사 터가 남아 있는데 이 사찰은 양생이라는 노총각과 처녀의 사랑을 이야기한 김시습의 「만복사저포기」의 배경이 되는 곳이다. 기린봉 지명은 북쪽의 교룡산에서 길게 뻗어 온 것이 마치 기린의 긴 목처럼 생겼기 때문이라는 설이 있다.

반야봉 Banyabong

시의 산내면 덕동리에 위치하며, 구례군 산동면의 경계에 있는 산이다(고도: 1,732m). 지리산에서 천왕봉과 함께 대표적인 봉우리로서, 삼도봉·노고단·토끼봉·명선봉 등을 거느리고 있다. 산의 동사면 기슭에 뱀사골이 남북으로 걸쳐져 있으며, 산에서 흘러나간 지류들은 만수천으로 이어진다. 『해동지도』(운봉)의 맨 아래에 반야봉이 표시되었고, 그 오른편에는 지리산이 강조되어 크게 그려져 있다. 『대동

▼ 반야봉

여지도』(18첩 4열)에는 천왕봉과 함께 지리산의 서쪽을 대표하는 봉우리로 반야봉이 표기되어 있다. 산의 지명은 불교에서 지혜를 뜻하는 말인 반야(般若)에서 유래되었다. 지리산에 사찰이 입지하면서 붙여진 이름으로 추정된다. 전하기를 지리산에서 불도를 닦고 있던 반야가 지리산의 산신이면서 여신인 마고할미와 결혼하여 천왕봉에서 살았다는 전설이 있고, 어떤 도력이 있는 스님이 뱀사골에 있는 이무기를 물리치고 사찰의 안녕을 이루면서 반야심경에서 이름을 따 반야봉이라고 지었다는 설도 있다. 마고할미가 지리산에서 불도를 닦고 있던 반야를 만나서 결혼한 뒤 천왕봉에 살다가 슬하에 여덟 명의 딸을 두었는데, 그 뒤 반야가 더 많은 깨달음을 얻기 위하여 처와 딸들을 뒤로 하고 반야봉으로 들어갔다고도 한다.

밤재 Bamjae [異] 율치(栗峙), 남율치(南栗峙), 전율치(前栗峙)

시의 주천면 배덕리와 전라북도 구례군 산동면 원달리 사이를 연결하는 고개이다. 지리산 서쪽 줄기로 동쪽으로 숙성치, 서쪽으로 견두산이 이어져 전라남북도의 경계를 이룬다. 밤재는 밤이 많아 생긴 지명이라고 전하며 한자화 하여 율치(栗峙)라고도 하였다. 『용성지』(1701~1703)에 "남율치는 주촌(朱村)의 동쪽 성현(星峴)의 아래에 있다. 구례로 통한다."고 기록되어 있다. 또한 『조선환여승람』(남원)에 북율치는 왕치면(현재 향교동)에, 남율치는 주천면에 있다고 기록한 것으로 보아 현재의 밤재는 조선시대에 남율치라 불린 것으로 보인다. 『호남읍지』, 『전라도각군읍지』 등을 통해 향교동의 밤재는 후율치(後栗峙), 주천면의 율치는 전율치(前栗峙)라고도 한 것을 알 수 있다. 지도에서는 『해동지도』·『광여도』·『지승』에 율치험액, 『1872년지방지도』에 '전율치애구(前栗峙隘口)'로 표기되어 있다.

비홍치 飛鴻峙 Bihongchi [異] 비홍현(飛鴻峴), 비홍령(飛鴻嶺)

시의 주생면과 대강면의 경계에 위치한 고개이다. 고개 북쪽으로
노적봉, 풍악산, 응봉 등의 산지가 내려오다가 고개 남쪽의 문덕봉으
로 산줄기가 연결된다. 시와 순창을 이어주는 24번 국도가 지나가며,
고개 남사면으로 88올림픽고속도로가 통과한다. 『신증동국여지승람』
(남원)에 "비홍현(飛鴻峴)은 부의 서쪽 25리에 있다."는 기록과 '비홍원
(飛鴻院)'이 수록된 것으로 보아 그 이전부터 불린 지명으로 보인다.
이후 『용성지』 등에 비홍현(飛鴻峴), 비홍령(飛鴻嶺), 비홍치(飛鴻峙)로
수록되어 있다. 『동여비고』(전라도)에 남원과 순창의 경계부로 비홍
현이 표기되어 있으며, 『해동지도』에 채병산 남쪽, 교룡산성 서쪽으
로 비홍치가 묘사되어 있는 등 대부분의 조선 후기 고지도에 나타난
다. 지명과 관련해 『한국지명총람』에 "임진왜란 때 기러기 떼가 날아
와 고개를 넘는 것을 보고 적병이 많지 않음을 깨닫고 진격하여 크게
이겼다 함."이라고 하였다. 또한 고려 말 이씨 부인이 이곳에서 기러
기를 날려 살 곳을 정한 것에서 지명이 유래했다는 설도 전한다. 이
고개에 고성(姑城, 할미성)이라고 불리던 비홍산성이 있다. 기와조각
과 토기조각으로 미루어 삼국시대 때 축성된 산성으로 추정된다.

숙성치 宿星峙 Sukseongchi [異] 숙성현(宿星峴), 숙성산(宿星山)

시의 주천면 용궁리와 전라남도 산동면 원달리 사이에 위치한 고개

이다. 도와 전라남도를 연결하는 경계에 위치하며 지리산 반야봉에서 서쪽으로 뻗은 산줄기가 두루봉, 만복재 등을 지나 숙성치로 이어진다. 고개의 서쪽으로는 밤재, 견두산 등이 있다. 숙성치는 사료에 숙성현(宿星峴), 숙성산(宿星山)으로도 수록되어 있다. 『신증동국여지승람』(남원)에 "숙성현(宿星峴)은 부의 동남쪽 30리에 있다."는 기록으로 보아 그 이전부터 불린 지명으로 보인다. 그 후 『대동지지』, 『증보문헌비고』 등 대부분의 지리지에 수록되어 있다. 지도에서는 『동여비고』(전라)에 숙성현으로, 『해동지도』, 『광여도』, 『1872년지방지도』 등에는 숙성치로 수록되어 있으며 좁고 험한 고개를 나타내는 '애구(隘口)' 또는 '험액(險)'을 지명어미에 표기하였다. 한자를 그대로 풀이해 별[星]이 자고[宿] 갈 정도로 산이 높고 험해 지명이 유래했다고 전한다.

연재 Yeonjae [異] 여원치(女院峙), 여원현(女院峴)

시의 이백면 양가리와 운봉읍 장교리 사이의 고개이다(고도: 477m). 백두대간 줄기로 통안재에서 운봉읍의 서쪽으로 산줄기가 이어져 내려오다가 고개를 이룬다. 북쪽에 고남산, 장치 등이 있으며 남쪽으로는 수정봉, 중매산 등이 있다. 조선시대 운봉현과 남원부의 경계에 위치한 고개였다. 원래 여원치(女院峙) 혹은 여원현(女院峴)이라고 불렸으며 남원부에서 운봉현으로 통하는 주요한 고갯길로서 통로이자 길목이었다. 『신증동국여지승람』(운봉)에는 "여원현(女院峴)은 현의 서쪽 7리의 남원부 경계 상에 있다."라는 기사 내용이 있다. 『여지도서』(운봉)에는 "여원치는 적산(赤山)에서부터 오며 현의 서쪽 7리에 있다."라고 기재되어 있다. 또 『대동지지』(남원)에 "여원치는 동쪽 30리에 있으며 운봉으로 통한다."라는 기록도 있다. 『해동지도』(남원)의 오른쪽 위편에는 여원치(女院峙)가 반암방(磻岩坊)에서 운봉계(雲峰界)가는 길목에 표기되었다.『대동여지도』(18첩 4열)에도 남원에서 운봉으로 넘어가는 고개 부분에 '여원치'라고 기재되어 있다. 여원치 고개 마루로 넘어가는 길목의 남원시 이백면 양가리에는 고려시대에 조성된 것으로 추정되는 마애불상(도 유형문화재 제162호)이 있다. 왜구의 침략을 물리치려 운봉에당도한 이성계는 꿈에 노파로부터 싸움을 이길 수 있는 날짜와 전략을 계시 받은 후 고개마루 암벽에 암각과 사당을 지어 여원(女院)이라고 불렀으며, 이런 사연으로 여원치라 불리게 되었다는 설화도 전해진다. 고개에서 바라보는 일몰(여원낙조)은 운봉 8경 중 하나라고 한다. 현재 24번 국도가 고개를 지나가며, 여원치마래불상(도 유형문화재 제162호)이 있다.

유치 柳峙 Yuchi [異] 유치재

시의 운봉읍 임리와 장수군 번암면 유정리 사이를 연결하는 고개이다. 백두대간 줄기로 북서쪽의 시리봉에서 산지가 이어지며, 동쪽으로 통안재, 고남산 등이 위치한다.『여지도서』(운봉)에 "유치(柳峙)는 황산에서 뻗어 나오며 관아의 북쪽 7리에 있다."고 하였으며 동일문헌 남원부의 기록에도 "팔량치와 닿아 있는 곳이며 영남으로 통하는 길이다. 관애를 만들어 방어할 만하다."라고 하여 그 이전부터 지명이 사용된 것을 알 수 있다. 이후 남원과 운봉 대부분의 지리지에서 유치가 수록되어 있다. 조선 후기 대부분의 고지도에 남원부와 운봉현 사이, 명저치(鳴猪峙) 남쪽에 유치가 묘사되어 있다. 현재 고개 북쪽으로 88올림픽 고속도로가 지나가면서 번암터널을 비롯한 많은 터널이 있다.

팔량재 Pallyangjae [異] 남원시

운봉에서 함양으로 넘어가는 고개이다. 『고려사지리지』(남원)에 "운봉현의 요해처로서 팔량 고개(八良峴)가 있는바, 현 동쪽으로부터 경상도로 가는 길목이다."는 기사 내용이 있다. 『신증동국여지승람』(운봉)에 "팔량현(八良峴)은 황산(荒山)의 동쪽 5리에 있다. 바로 경상도 함양군의 경계다. 신라와 백제 시대로부터 요해(要害)로 불려온다. 인월(引月)의 적이 또한 이 고개를 넘었다."라는 기록이 있고, 『여지도서』(운봉)에 "팔량현은 황산에서부터 오며 현의 동쪽 20리에 있다."라는 기사 내용이 있다. 『대동여지도』(18첩 4면)에는 운봉에서 함양으로 넘어가는 고개 부분에 '팔량치(八良峙)'라고 표기되어 있다.

뱀사골 Baemsagol [異] 돌돌골이

시의 산내면 반선리 일대에 소재한 골짜기이다. 12km 정도의 길이로, 만수천이 산지를 지나가면서 기암괴석 사이에 형성되는 골짜기이다. 곳곳에 소(沼)와 폭포가 형성되어 있다. 조선시대 지리지나 고지도에서 뱀사골을 찾아 볼 수 없다. 다만 반선리가 『1872년지방지도』(운봉)와 『조선지형도』에 표기되어 있으며 그 사이로 하천이 묘사되어 있어 뱀사골을 추정해 볼 수 있다. 『한국지명요람』에는 '돌돌골이'라고도 하며, 물이 뱀처럼 곡류해서 지명이 유래했다고 하였다. 그 밖에도 지명의 유래에 대해 근처에 있었던 배암사라는 사찰에서 유래했다는 설, 용이 되지 못한 이무기가 죽었다는 전설에서 '뱀이 죽었다'는 '뱀사골'로 부르게 되었다는 설 등이 전한다.

피바위 Pibawi [異] 혈암(血巖)

운봉읍 화수리와 인월면 인월리 사이의 람천가에 위치한 붉은 바위이다. 북쪽으로 황산이, 남쪽으로는 지리산 줄기가 위치한다. 바위의 색깔이 피처럼 붉어 피바위라고 하였으며 이를 한자화하여 혈암이라고 한 것으로 전한다. 『여지도서』(운봉)에 "혈암(血巖)은 황산 아래에 있다. 빛깔이 핏빛으로 물들어 있다. 민간에 전하는 말에 의하면 태조 대왕이 왜적을 섬멸할 때 피에 젖어 핏빛으로 물들었다고 한다."라고 기록하였다. 이 후『운봉현읍지』,『운성지』등 대부분의 지리지에 혈암과 혈암의 전설이 수록되어 있다. 또한『호남지도』,『해동지도』,『청구요람』(22첩 12면) 등에서 혈암이 황산 남쪽 하천가에 묘사되어 있다.

—

제5부
전라남도 구례

—

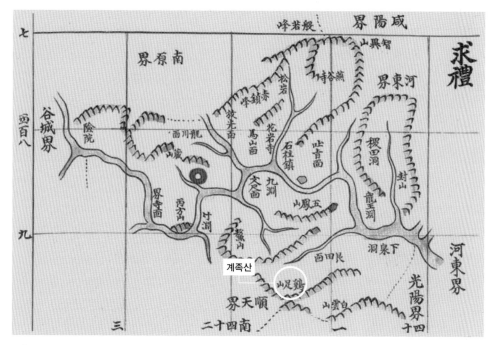
▲『해동여지도』(구례)의 계족산

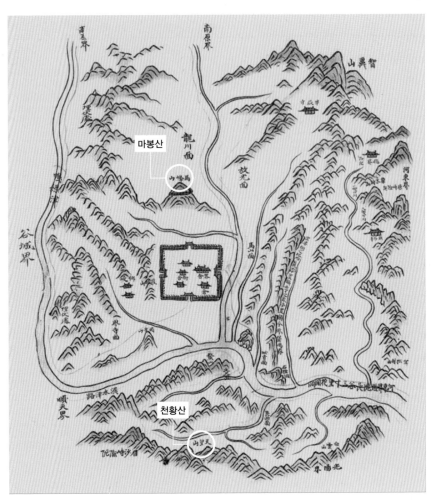

▲『해동지도』(구례) 마봉산(산성봉), 천황산(천황봉)

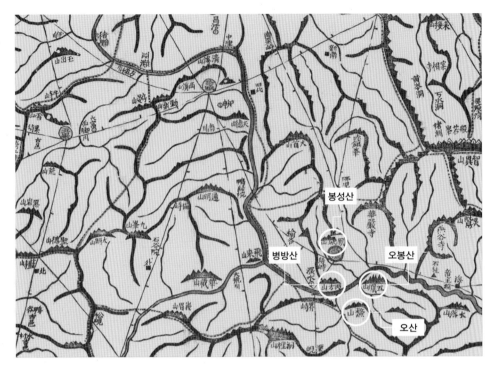

▲『대동여지도』의 병방산, 봉성산, 오봉산, 오산

전라남도 구례

구례군 求禮郡 Gurye-gun [異] 봉성(鳳城)

　도의 북동부에 위치한 군이다. 군의 동쪽은 경상남도 하동군, 서쪽은 곡성군, 남쪽은 순천시와 광양시, 북쪽 전라북도 남원시와 접하고 있다. 동북쪽으로는 지리산이 있고, 섬진강이 전라북도의 남원시에서 흘러 들어와 군에서 남쪽으로 흐르면서 순천시와 경계를 이루다가 군의 중앙을 서쪽으로 흘러 다시 남쪽으로 흐르면서 경상남도 하동군과의 경계를 이룬다. 군청 소재지인 구례읍을 비롯하여 1읍 7면을 관할한다.

　『삼국사기지리지』에 "구례현은 본시 백제의 구차례현으로, 경덕왕이 개명하여 지금도 그대로 하고 있다."는 기록이 있어 경덕왕 때부터 지명이 사용되었음을 보여 준다. 고려 초에 남원부에 속하였다가 1143년(고려 인종 21)에 감무를 두었고, 1413년(태종 13)에 현으로 승격되었다. 1499년(연산 5)에 현에서 부곡으로 강등되었다가 1507년(중종 2)에 다시 현으로 복귀되었다. 『신증동국여지승람』(구례)에 "조선조 태종 13년(1413)에 현감으로 고쳤다. 연산 5년에 고을 사람 배목인 · 문빈 등이 참언(讖言)을 만들어 역모를 꾀하다가 죽음을 당하니 폐해서 부곡을 삼아 남원에 소속시켰더니 금상(今上) 2년에 다시 현을 만들었다."라는 관련 기록이 있다. 『여지도서』에 의하면 조선 후기 구례현은 내면(縣內面) · 동토지면(東吐旨面) · 마산면(馬山面) 등 8개의 방리로 이루어져 있었다.

1895년 23부제의 실시로 구례군이 되었다가 1896년 전라남도 구례군이 되었다. 1906년 전라북도 남원에 속한 산동 · 중방 · 소의 · 고달면 등 4개면이 병합하였다. 『구한국행정구역일람』에 의하면, 1912년에 구례군은 현내면(縣內面) · 계사면(桂肆面) · 문척면(文尺面) 등의 13개 면으로 이루어져 있다가. 1914년 행정구역이 개편되면서 8개면으로 되었고, 고달면은 곡성군으로 귀속되었다. 1962년 구례면이 읍으로 승격하여 오늘에 이르다.

구례읍 求禮邑 Gurye-eup [異] 현내면

군의 남서부에 위치한 읍이다. 동쪽은 문척면, 서쪽은 곡성군, 남쪽은 곡성군과 순천시, 북쪽은 용방면과 접해있다. 서쪽으로는 지리산과 이어진 산의 맥이 남북으로 뻗쳐있고, 곡성을 거쳐 흘러온 섬진강이 읍을 감싸고돌면서 동쪽으로 빠져나간다. 산성봉(348m)과 논곡리의 천왕봉(695m)이 지리산의 지맥으로 서쪽에 위치하는 등 주위를 지리산 줄기가 둘러싼 분지이다. 구례 향교가 있다.

조선시대 구례현의 읍치가 있던 곳이다. 조선시대 현내면에 속하였고 동내, 서내, 남내 등 11개 리를 관할하였다. 『호구총수』(구례)의 현 내면에서 연동리(蓮洞里)·북문외리(北門外里)·북문내리(北門內里) 등 7개 동리, 계사면에서 산정리(山亭里)·죽동리(竹洞里)·교촌리(校村里) 등 11개 동리 명칭이 확인된다. 1914년 행정구역통폐합에 따라 현 내면은 사동(寺洞)·아양동(兒養洞)·시동(柿洞) 등의 11개 동리, 계사 면의 본황리(本黃里)·논곡리(論谷里)·변기리(邊基里) 등 13개 동리와 방광면의 천변리 일부 곡성군 고달면, 탑선동 일부를 편입하여 산성 리(山城里)·백련리(白蓮里)·봉북리(鳳北里) 등의 10개 리로 통합하여 관할하였다. 1963년에 읍으로 승격하였다.

법정리 지명은 대부분 1914년 행정구역 통폐합 때 비롯된 것이다. 산성리는 현내면의 사동·시동·아양동이 병합된 것이고, 백연리는 현내면의 백연동·주암리·회동이 병합된 것이다. 봉북리는 현내면의 북외동과 방광면의 천변리 일부가 병합된 것이고, 봉동리는 현내면의 북내동·동내동·남내동 각 일부가 병합된 것이다.

봉남리는 현내면의 서내동·남내동·동내동 각 일부가 병합된 것 이고, 신월리는 계사면의 신촌리·월암리가 병합된 것이다. 봉서리는 계사면의 봉서동·교촌리·산정리가 병합된 것이고, 원방리는 계사면 의 원천리·점촌리·병방리가 병합된 것이다. 계산리는 계사면의 독 자동·유곡리·변기리가 병합된 것이고, 논곡리는 계사면의 논곡리· 본황리와 고달면의 탑선리 일부가 병합된 것이다.

간전면 艮田面 Ganjeon-myeon

군의 남동부에 위치한 면이다. 동쪽은 하동군 화개면, 서쪽은 문척 면, 남쪽은 광양시, 북쪽은 토지면과 접하고 있다. 섬진강을 경계로 간전면은 남쪽에, 토지면은 북쪽에 위치하고 있다. 광양군과 경계를 이루고 있는 백운산(1,218m) 계족산(730m)과 하천산(532m)을 비롯한 산지가 동남 방향으로 이어지고, 산록에 농촌 취락들이 발달하고 있다.

본래 조선시대부터 간전면으로 불렀다. 1895년(고종 32)에 23부제가 실시되면서 구례현이 구례군이 되어 지금의 수평리 중평마을에 면사무소를 개소하였다. 1914년 행정구역 통폐합에 따라 문척면과 통합되면서 간문면으로 개칭하였다가 1945년 광복과 동시에 간전면으로 복원되었다. 『구한국행정구역일람』에 의하면, 간전면은 도장동(道長洞)·중대치리(中大峙里)·거석리(擧石里) 등 30개 리로 이루어져 있었다. 이후 1914년 간문면은 죽마리(竹麻里)·월전리(月田里)·금정리(金亭里) 등 13개 리를 관할하였다.

『여지도서』(구례)에 "간전면은 관문으로부터 20리이다."라는 기록이 있으며 『호구총수』에도 간전면에서 하천리(下川里)·백운천리(白雲川里)·무수천리(無愁川里) 등 다수의 동리 명칭이 확인된다. 『해동지도』에 간전면이 표기되었으며, 주기(註記)에 "간전면은 초경(初境)이 35리이고 종경(終竟)이 40리"라고 기록하였다. 면소재지인 간문리를 비롯하여 9개 법정리를 관할한다. 이들 지명은 대부분 1914년에 합성지명으로 유래되었다.

광의면 光義面 Gwangeui-myeon

군의 중앙 북부에 위치한 면이다. 동쪽은 마산면, 서쪽은 용방면, 남쪽은 구례읍, 북쪽은 산동면과 접하고 있다. 섬진강을 경계로 동북쪽은 광의면, 남서쪽은 용방면이 위치하고 있다. 노고단에서 이어진

줄기가 남서쪽으로 이어져 맥을 이룬다. 산록 말단에 방광들과 구만들 등의 넓은 들이 발달되어 있다. 관내에 메천사(문화재자료 제36호)가 있으며, 문화재로는 천은사 극락전에 아미타후불정화(보물 제924호)가 있다. 고려시대에는 남원부에 속하여 소의면이라 하였다. 조선시대에는 남원부와 구례현에 분리되어 소속되었다가 1914년 구례현 방광면과 남원부 소의면을 합하면서 한 글자씩 따서 광의면으로 개칭하여 오늘에 이른다.

『여지도서』(구례)에 "북쪽의 방광면은 관문으로부터 10리이다."라고 기록하였다. 『호구총수』의 방광면에서 남전리(藍田里)·천변리(川邊里)·어은촌리(於隱村里) 등 다수의 동리 명칭이 확인된다. 『광여도』 등의 조선 후기 고지도에 읍치 북서쪽에 나타난다. 특히『해동지도』에 읍성 위쪽으로 방광면이 표기되었으며, 주기(註記)에 "방광면은 초경(初境)이 5리이고 종경(終竟)이 10리이다."라고 수록되어 있다. 면소재지인 연파리를 비롯하여 8개 법정리를 관할한다. 법정리 지명은 1914년 합성 지명으로 유래된 것이다.

마산면 馬山面 Masan-myeon

군의 중앙 동부에 위치한 면이다. 면 경계의 동쪽은 토지면, 서쪽은 광의면, 남쪽은 섬진강을 경계로 문척면, 북쪽은 노고단을 경계로 산동면과 접하고 있다. 동북쪽으로는 지리산지가 있어 노고단을 비롯하여 종석태, 형제봉을 이루고 있다. 산지가 많아 대부분 중산간 지대이다 계류천이 흐르는 곳에 취락이 발달해 있다. 지리산 국립공원의 관문에 위치하고 있어 관광자원이 많다. 화엄사가 있으며 경내에 각황전(국보 제67호) 등의, 각황전앞 석등(국보 제12호), 4사자 3층석탑(국보 제133호), 대웅전(보물 제299호) 등 적지 않은 문화재가 있다. 지명은 관내의 마산 마을에서 유래하였는데 마을 뒷산이 말의 형국인 것에서 유래하였다고 전한다. 면 소재지인 마산리(馬山里)를 비롯하여 사도리(沙圖里)·광평리(廣坪里)·냉천리(冷泉里) 등 6개 법정리를 관할한다. 이들 대부분의 지명은 1914년 행정구역 개편 과정에서 합성지명으로 유래되었다.

고려시대부터 구례현 마산면이 된 이후로 큰 변동 없이 현재에 이른다. 『여지도서』(구례)에 "마산면은 관문으로부터 5리이다."라고 기재하였다. 『호구총수』의 마산면에서 하사도리(下沙道里)·상사도리(上沙道里)·가소리(加所里) 등 다수의 동리 명칭이 확인된다. 『해동지도』의 읍성 오른편에 마산면이 표기되었으며, 주기(註記)에 "마산면은 초경(初境)이 5리이고 종경(終竟)이 10리이다."라고 기록하였다. 『광여도』 등의 고지도에도 읍치 동쪽으로 마산면이 묘사되어 있다.

문척면 文尺面 Muncheok-myeon

군의 남쪽에 위치한 면이다. 동쪽은 간전면, 서쪽은 구례읍, 남쪽은 순천시, 북쪽은 섬진강을 경계로 토지면·마산면과 접하고 있다. 백운산 준령이 둘러 있을 뿐 아니라 섬진강이 휘감아 흘러가고 있어 반달형의 지세를 이룬다. 섬진강 변에 약간의 평야가 있을 뿐 대부분 밭으로 이루어져 있다. 조선시대 문척면으로 죽마, 월전, 금정, 중산리 등 4개 리를 관할하였으나 1914년 간전면과 병합하여 간문면으로 개칭하였으나 1945년 광복과 동시에 문척면으로 복원하였다. 면소재지인 월전리를 비롯하여 죽마리, 금정리, 중산리의 4개 법정리를 관할하고 있다. 이들 지명은 대부분 1914년 행정구역 통폐합 때 비롯되었다.

『여지도서』(구례)에 "문척면은 관문으로부터 6리이다."라고 기재하였다. 『해동지도』,『청구도』(22첩 12면) 등에 읍성 남쪽의 오산(鰲山) 주변으로 문척면이 묘사되었다. 『호구총수』의 문척면에서 마고리(磨古里)·작연리(作淵里)·귀성리(龜城里)·전천리(田川里)·토고리(吐古里)·산치리(山峙里) 등 다수의 동리 명칭이 확인된다. 『신구대조』에 의하면, 1914년 이후 간문면은 죽마리(竹麻里)·월전리(月田里)·금정리(金亭里) 등 13개 리를 관할하고 있었다.

산동면 山洞面 Sandong-myeon

군의 북부에 위치한 면이다. 동쪽은 하동군, 서쪽은 곡성군과 남원시, 남쪽은 용방면·광의면·마산면·토지면, 북쪽은 남원시와 접하고 있다. 사방이 산으로 둘러싸인 산지 지대이다. 섬진강으로 유입하는 서시천이 면의 중앙을 서쪽으로 흐르며 대두천, 용추천, 무등천 등의 계류천이 흘러 서시천과 합류한다. 면 지명은 지리산 밑의 골짜기이므로 '산골'이라고 부른 것에서 유래하였다고 전한다. 면소재지인 원촌리를 비롯하여 원달리·시상리 등 15개 법정리를 관할한다. 이들 지명은 대부분 1914년 행정구역 통폐합 때 유래된 것이다.

조선시대 남원부 산동방(山洞坊) 지역이었으며 조선 후기 지리산 안쪽의 내산동과 바깥의 외산동으로 분리되었다. 『세종실록지리지』(남원)에 "부곡(部曲)이 4이니, 원천(原川)·금안(金岸)·산동(山洞)·고정(古丁)이다."라고 하여 그 이전부터 지명이 사용되었음을 알 수 있다. 이후 『호구총수』(남원)에 산동방이 기재되어 있는 등 대부분의 지리지에 기록되어 있다. 특히 『대동지지』(남원)에는 내산동, 외산동으로 분리되어 기록되었다. 고지도에서는 『해동지도』(남원), 『1872년지방지도』(남원) 등에 산동방 혹은 이곳에 있었던 산동방원(山洞坊院)이 나타난다.

1906년(광무 10) 구례군에 편입되면서 내산면과 외산면이 되었고 1932년에 다시 합병하여 산동면으로 칭하였다.『구한국행정구역일람』에 의하면, 1912년 당시 외산면은 정산리(挺山里)·탑동(塔洞)·한천리(寒泉里) 등 19개 리, 내산면은 당동(堂洞)·외효동(外孝洞)·내효동(內孝洞) 등 28개 리로 구성되었다.

용방면 龍方面 Yongbang-myeon

군의 서쪽에 위치한 면이다. 동쪽은 광의면, 서쪽은 곡성군, 남쪽은 구례읍, 북쪽은 산동면과 접하고 있다. 섬진강을 경계로 남서쪽은 용방면, 동북쪽은 광의면이 위치하고 있다. 지리산지가 남북으로 길게 뻗어있으며 이곳에서 발원한 신도청, 용정천, 죽정천 연변 산록에 소규모 평지가 발달하고 있다. 면의 동쪽에서 남쪽으로 흐르는 서시천 유역에 비교적 넓은 평지가 형성되어 있다. 조선시대 용천면(龍川面) 혹은 용강면(龍江面)이라고 하여 용강, 사림, 신지, 용정리 등 4개 리를 관할하다가 1914년 남원부 관할인 중방면의 중방리, 신도리, 죽정리 등 3개 리를 병합하여 용강면의 '용'자와 중방리의 '방'자를 따서 용방면이라고 개칭하였다.

『호구총수』에 용천면이 수록되었으며 그 관할 마을로 용정리, 탄동리 등이 기재되어 있다.『여지도서』(구례)에는 "용천면은 관문으로부터 10리이다."라고 기재하였다.『해동지도』의 마봉산(馬峰山) 위쪽으로 용천면이 표기되었으며, 주기(註記)에 "용천면은 초경(初境)이 5리이고 종경(終境)이 10리이다."라고 기록하였다. 1914년 용방면은 용강리(龍江里)·사림리(四林里)·신지리(新智里) 등의 7개 리로 구성되어 오늘에 이른다. 이들 지명은 당시 대부분 합성지명에서 비롯되었다. 용강리는 용강면의 사신리·두동·당동·봉덕리가, 사림리는 용강면의 죽림동·사우리 일부가. 신지리는 용강면의 지동·본신리와 중방면의 송정리 일부가 병합된 것이다.

토지면 土旨面 Toji-myeon

구례군의 동쪽에 위치한 면이다. 면 경계의 동쪽은 하동군, 서쪽은 마산면, 북쪽은 산동면, 남쪽은 섬진강을 경계로 간전면과 문척면에 접하고 있다. 섬진강을 경계로 토지면은 북쪽에, 간전면은 남쪽에 위치하고 있다. 지리산이 북동쪽에 위치하여 산지가 전 면적의 90% 이상을 차지한다. 토지천과 연곡천, 한수천 등이 지리산지에서 발원하여 남쪽으로 흘러 섬진강으로 유입하며 비교적 넓은 평야를 이룬다. 면내에 금환락지(金環落地)라 일컫는 명당 형국이 있으며 운조루(중요민속자료 제8호), 연곡사 동부도(국보 제53호) 등 문화재가 있다.

조선시대 원래 토지면(吐旨面)으로 표기되었으나 1899년(고종 37) 토지면(土旨面)으로 개칭하였다. 화엄사에 딸려 도자기를 만들어 바치던 토지처(吐旨處)였던 것에서 토지 지명이 유래되었다는 설이 있다. 『신증동국여지승람』(구례)에 "토지처(吐旨處)는 현의 동쪽 10리에 있다."는 기록이 확인 된다. 이후 『여지도서』 등의 지리지에 "토지면은 관문으로부터 10리이다."라고 수록되어 있다. 『광여도』, 『지승』 등 조선후기 대부분의 고지도에도 토지면이 기재되어 있다. 특히 『해동지도』의 오른편 가운데의 섬진강가에 토지면이 표기되었으며, 주기(註記)에는 "토지면은 초경(初境)이 10리이고 종경(終竟)이 40리이다."

라고 기록하였다. 토지면 오른편에는 석질동(石桎洞)이 표시되었다. 『호구총수』의 수지방에는 다수의 동리 명칭이 확인된다.『구한국행정구역일람』에 의하면, 1912년 당시에 용두리(龍頭里)·장요리(藏腰里)·금동(金洞) 등 35개 리로 이루어졌으며 1914년 구산리·파도리·외곡리 등 10개 리가 되었다.

면소재지인 구산리를 비롯하여 10개 법정리를 관할하고 있으며 이들 지명은 대부분 1914년 행정구역이 통폐합되면서 비롯되었다. 구산리는 구만리·단산리·신단산리·월곡리·중산리·하죽리의 일부가, 문수리는 상죽리·중대리·불당리·율치리가 합쳐져 지명이 유래되었다.

자연 지명

계족산 鷄足山 Gyejoksan

군의 남부 문척면과 간전면의 경계에 위치한 산이다(고도: 703m). 산의 서쪽사면에서 금정천이 발원해 북류하다가 섬진강에 합류한다. 『봉성읍지』에 "계족산(鷄足山)은 현의 동쪽 20리에 있다."고 하여 그 이전부터 지명이 사용된 것을 알 수 있다. 또한『봉성지』에 "뒤에 과봉(窠峯)이 있고, 오른쪽에 명곡봉(鳴谷峯)이 있다. 위에 있는 석벽의 모습이 닭 벼슬과 같다. 좌우로 나뉜 줄기가 닭의 발과 같은 고로 이름이 생겨났다."고 하였다. 이를 통해 산의 모습에서 지명이 유래했음을 알 수 있다. 이후 대부분의 지리지와『해동여지도』(구례, 곡성), 『1872년지방지도』(구례)에 계족산이 수록되었다. 특히『1872년지방지도』에는 문척면과 간전면 사이, 오봉산 남쪽으로 계족산이 묘사되어 있으며 모습이 닭 벼슬과 같다는 설명이 함께 기재되어 있다.

노고단 老姑壇 Nogodan [異] 길상봉

군의 산동면과 토지면에 걸쳐 있는 산이다(고도: 1,502m). 지리산 지 주능선의 서편에 있는 봉우리로서 동에서 서로 삼도봉, 노고단, 종석대, 성삼봉으로 이어진다. 수계는, 북사면 만수천으로 모이고, 남사면으로는 세 유역권으로 나뉘어 각각 연곡천, 토지천, 마산천으 로 흐르다가 섬진강을 만나 합류한다. 남쪽 골짜기로는 피아골이 있 으며 연곡사가 입지하여 있고, 남서쪽 기슭에는 화엄사가 있다. 서 쪽과 남쪽으로 산동면·광의면·마산면과 인접하고 있다. 『조선지

▼노고단

형도』(화개장)에 내산면, 광의면, 마산면의 경계부에 노고단이 기재되어 있다.

지리산의 노고단은 천왕봉과 함께 산신을 모신 곳으로 유명하다. 노고단의 산신은 노고이고, 왕봉의 산신은 성모천왕이다. 노고신은 지리산권의 주변에 노고(老姑), 노(老), 도고(道姑), 노모(老母) 등 여러 산신들의 이름으로 분포되어 있고, 장수·진안·남원·순창 등지에 고당(姑堂), 노고산(老姑山), 고성(姑城), 노고산성(老姑山城) 등의 관련 유적도 나타난다. 노고를 신라의 건국설화에 등장하는 노구와 같은 계통으로 보아 통일신라의 남원경 설치와 관련 지어 역사적 배경을 고찰하는 연구도 있다. 현재 노고신을 모시는 제단과 돌탑이 조성되어 있고 제사를 봉행하는 산제단과 돌탑이 있다.

병방산 丙方山 Byeongbangsan

군의 구례읍 원방리에 있는 산이다(고도: 160m). 병방산의 맥은 지리산에서부터 연원하며 구례 읍치를 중심으로 주산인 봉성산(鳳城山)과 대응하는 풍수적인 조산(朝山)이다. 섬진강이 병방산을 서쪽에서 남쪽으로 휘돌면서 감싸 안고 동쪽으로 흘러 나간다. 병방산에 인접한 자연마을로는 병방·신촌 등이 있다. 『여지도서』(구례)에 "병방산은 현 남쪽 10리에 있으며 지리산에서 온다."라는 기록이 있다. 『대동여지도』에는 구례 읍기에서 봉성산과 마주하는 남쪽의 산으로 병방산이 묘사되어 있으며 『광여도』, 『해동여지도』 등에도 기재되어 있다.

봉성산 鳳城山 Bongseongsan

군의 구례읍 봉동리·봉서리·봉남리·봉북리에 걸쳐 있는 산이다 (고도: 166m). 구례의 풍수적인 주산이자 진산이다. 주맥은 지리산에 서부터 연원한다. 고도가 높지 않은 산임에도 불구하고 위치상 구례 읍치의 중요한 산이기 때문에 지리지에 기록되었다.

『신증동국여지승람』(구례)에 "봉성산은 현의 서쪽 1리에 있다."라는 기사 내용이 있다. 동일 문헌의 남원부에도 "봉성산(鳳城山)은 유곡 (榆谷) 서쪽 1리에 있다."라는 기록이 있다. 『여지도서』(구례)에 "봉성 산은 지리산에서 오며 현의 주맥(主脈)이다."라는 기록이 있다. 『해동 지도』(구례)의 읍성 왼편에 봉성산이 표기되었고, 그 왼편의 산줄기 기슭에는 향교가 그려져 있다. 『대동여지도』에는 구례 읍기(邑基)의 주산으로서 봉성산이 기재되어 있다. 지명은 봉황의 산 이름에 연유 되어 풍수적 형국이 봉황포란형(鳳凰抱卵形)이라고 한다.

오봉산 五鳳山, 五峯山 Obongsan

군의 문척면 금정리에 소재한 산이다(고도: 209m). 산의 북쪽으로 섬진강이 흐르며, 건너편으로 지리산국립공원이 있다. 『여지도서』(구 례)에 "오봉산(五鳳山)은 관아의 동쪽 10리에 있다. 백운산에서 뻗어 나온다."라고 기록되어 있다. 이후 『봉성지』에 "오봉산은 현의 동쪽 10리에 있다. 다섯 개의 봉우리가 늘어 선 모습이 마치 병풍과 같다." 고 하는 등 대부분의 지리지에 오봉산이 수록되어 있다. 『대동여지 도』(18첩 4면), 『해동지도』(구례 곡성) 등에 오봉산이 나타난다. 특 히 『1872년지방지도』에는 오산(鰲山)의 동쪽으로 다섯 개의 봉우리를 묘사한 오봉산과 "늘어선 모습이 병풍과 같다."는 설명이 함께 표기되어 있다. 한편 『조선지지자료』에는 오봉산(五峯山)으로 한자를 달리해 수록되어 있다. 풍수지리적으로 오봉귀소형(五鳳歸巢形)의 큰 명당이 있다고 한다.

오산 鰲山 Osan

군의 문척면 죽마리에 위치한 산이다(고도: 542m). 섬진강이 서쪽에서 오산을 감돌고 흘러 동쪽으로 빠져나간다. 『신증동국여지승람』(남원)에 "오산은 유곡(楡谷)의 남쪽 15리에 있다. 꼭대기에 바위가 하나 있고 바위에는 빈틈이 있는데 그 깊이를 헤아릴 수 없이 깊다. 전

▼오산

하는 말에, 도선(道詵)이 이 산에 살면서 천하의 지리(地理)를 그렸다고 한다."라는 기록이 있다. 『해동지도』(구례)의 읍성 아래쪽 섬진강 너머로는 오산이 표기되었으며 섬진강이 오산을 둘러 흘러나가는 모습으로 표현되었다. 오산 밑에는 문척면이 기재되어 영역을 표시하였다. 『대동여지도』에는 병방산 맞은편의 섬진강 너머로 오산이 표기되어 있다. 산 정상에는 신라 때 원효 · 도선 · 의상 · 진각 대사가 수도했다는 사성암이 있고, 도선국사가 조각했다는 전설이 있는 마애불상이 있다.

종석대 鍾石臺 Jongseokdae

군의 광의면, 마산면, 산동면에 걸쳐진 산이다(고도: 1356m). 지리산 노고단에서 서쪽으로 코재를 지나 종석대로 이어진다. 조선시대 사료에서 산에 대한 직접적인 기록은 보이지 않지만 『봉성읍지』 등에 "홍두봉(鴻頭峰)이 종석대(鍾石臺) 아래에 있다."는 기록에 등장한다. 『조선지지자료』(구례)의 내산면(지금의 산동면)에 종석산(鍾石山)이 기재되어 있다. 『한국지명총람』, 『구례군지』 등에는 종석대와 차일봉을 같은 산으로 보았으나 현대지도에는 종석대에서 원사봉으로 가는 중간 봉우리를 차일봉으로 표기하여 차이를 두었다.

산성봉 山城峯 Sanseongbong [異] 마봉산(馬峯山), 천마봉(天馬峯), 산싱봉

군의 구례읍 산성리와 용방면 사림리 경계에 있는 산이다(고도: 364m). 산으로 광양~전주 고속도로가 지나가며 구례2터널이 있다. 산 남쪽으로 백련천, 북동쪽으로 서시천이 흐른다. 지명은 과거 이곳에 산성이 있었던 것에서 유래 된 것으로 보인다. 산성봉은 '마봉산'이라고도 한다. 『여지도서』(구례)에 "마봉산성은 관아의 북쪽 5리에 있다. 성터가 뚜렷하며 기와 조각이 많이 쌓여 있다. 대개 먼 옛날 요새로 만들어 전란을 피하던 지역이었던 듯한데, 지금은 자세히 살필 길이 없다."고 기록되어 이곳에 산성이 있었음을 알 수 있다. 한편 『읍지』에는 읍사표(邑四標)로 "북쪽 산성봉 5리에 있다."라고 하였으며 "마봉산성은 북쪽 5리에 있다."라고 하여 마봉산과 산성봉을 혼용해 수록하였다. 『해동지도』 등에 마봉산이 읍치 북쪽 용천면에 기재되어 있다. 산에 우물, 기와 등과 성터 흔적이 남아있으며 삼국시대에 축성되었다는 설이 있다.

왕시리봉 Wangsiribong [異] 왕증봉(王甑峯), 시리봉, 증봉(甑峯)

군의 토지면 문수리와 내서리의 경계에 있는 산이다(고도: 1,212m). 지리산 노고단에서 남쪽으로 뻗은 산줄기가 왕실봉, 문바우등, 느진목재 등을 지나 왕시리봉으로 이어진다. 산에서 토지천 등이 발원해 섬진강에 합류한다. 산에 시리바우(시루바우)가 있다. 산은 시리봉, 증봉 등으로도 불리는데 바위의 모습과 산의 모습이 시루를 닮아서 '시루(시리) 증(甑)'을 사용해 증봉이 되었다고 전한다. 『조선지형도』(화개장)에 문수리 불당마을과 내서리 사이에 왕증봉이 기재되어 있다.

천황봉 天皇峯 Cheonhwangbong [異] 천황산(天皇山)

군의 문척면 중산리와 순천시 황전면 사이에 위치한 산이다(고도: 652m). 백운산의 서쪽 줄기로 등주리봉, 형제봉 등과 함께 높은 산지를 형성하며 순천과 구례의 경계를 이룬다. 산의 북사면에서 중산천이, 남사면에서는 회룡천 지류가 발원해 각각 섬진강에 합류한다. 『여지도서』(구례지도)에 문척면에 천황산이 기록된 것으로 보아 그 이전부터 불린 지명으로 보인다. 이후 『해동지도』 등에 문척면의 미사치험액 동쪽으로 천황산이 표기되어 있다.

형제봉 兄弟峯 Hyeongjebong [異] 성제봉(聖帝峰), 형지봉

군의 토지면 문수리와 마산면 황전리 경계에 위치한 산이다(고도: 873m). 지리산 줄기로 노고단에서 남쪽으로 뻗은 산줄기가 형제봉을 거쳐 월령봉, 천황치로 이어진다. 『조선지지자료』(구례)의 마산면에 형제령(兄弟嶺)이 수록되어 있으며 『한국지명총람』과 『구례군지』를 통해 크고 작은 두 봉우리가 형제처럼 나란히 솟아 있어서 산의 모습에서 지명이 유래한 것을 알 수 있다.

금성재 금성- Geumseongjae [異] 금성치(禁聲峙)

군의 산동면 이평리와 광의면 구만리 사이에 있는 고개이다. 고개 북쪽에 까지절산이 있고, 서쪽으로 서시천 흐르면서 만든 구만제가 있다. 과거 삼남지방과 남원을 연결하는 대로였다. 『구례군사』 등에 따르면 영의정이었던 백헌 이경석(李景奭, 1595~1671)이 누님의 집인 성원(지금의 구만리)에 자주 왕래하였는데 이 때 그 마을 앞을 지나가는 사람들은 거마(車馬)의 소리[聲]를 일절 내지 못했다[禁]는 이야기에서 지명이 유래되었다고 한다. 『조선지지자료』(구례)의 소의면(지금의 광의면)에 금성치가 수록되어 있으며『조선지형도』에도 구만리 북쪽, 서시천이 곡류하는 우편에 금성치가 기재되어 있다.

까막재 Kkamakjae [異] 오치(烏峙), 장재

군의 구례읍 남서쪽 계산리에 있는 고개이다(고도: 352m). 고개 동쪽으로 광양~전주 고속도로가 지나가고, 남쪽으로는 섬진강 본류가 흘러간다. 까막재는 한자화하여 '오치(烏峙)'로 사료에 수록되어 있다. 『봉성읍지』에 "오치(烏峙)가 현의 서쪽 5리에 있다."라는 기록이 있으며 『호남읍지』(구례), 『대동지지』, 『조선지지자료』 등에도 수록되어 있다. 『대동여지도』(18첩 4면)에는 남원 견수산(犬首山)에서 뻗은 산줄기가 구례에서 두 줄기로 나뉘어 한줄기는 봉성산을, 다른 한줄기가 오치와 병방산을 이루는 것으로 묘사되어 있다. 『한국지명총람』, 『구례군지』 등에 까막재를 '오치, 장재'라고도 하며 까마귀 형국이라고 하여 산의 모습에서 지명이 유래하였음을 알 수 있다.

누룩실재 Nuruksiljae [異] 유곡치(榆谷峙)

군의 구례읍 논곡리와 계산리, 용방면 용정리 사이에 위치한 고개이다. 천왕봉 동쪽에 위치하며, 고개 남쪽의 계산천 주변으로 유곡(누룩실) 마을이 있다. 고개 이름은 마을 이름에서 유래된 것으로 보이며, 『한국지명총람』과 『구례군사』에 의하면 유곡 지명은 예전 이곳에 누릅나무가 많았기 때문에 '누릅나무 유(榆)'자를 사용해 유곡(榆谷)이라고 하였다고 한다. 또한 마을에서 처음 농사를 개간 할 때 중국의 '유협전

(楡莢錢)'이 나와서 유곡이 되었다는 설도 있다. 조선시대 사료에서 누룩실재(유곡치)를 찾기는 어렵다. 다만 『세종실록지리지』에 "부곡(部曲)이 2이니, 사등촌(沙等村, 혹은 사도(沙圖)라고 한다), 유곡(楡谷)이다."라고 수록되어 유곡을 찾을 수 있다. 이후 『호구총수』, 『대동지지』, 『동여도』 등의 기록에서 유곡이 기록되어 있다. 한편 『조선지지자료』와 『조선지형도』에서는 현내면에 유곡치(楡谷峙)가 기재되어 있다.

당재 Dangjae [異] 당치(堂峙, 唐峙)

군의 토지면 내동리와 경상남도 하동군 화개면을 연결하는 고개이다. 지리산 삼도봉에서 남쪽으로 산줄기가 이어져 불무장등, 통꼭지봉을 거쳐 당재를 이룬다. 고개에서 당치천이 발원해 남류하며, 내서천을 거쳐 섬진강에 합류한다. 『여지도서』(구례지도)에 하동과의 경계 지역인 연곡사 북쪽으로 당치험액(唐峙險)으로 표기되어 있는 것으로 보아 그 이전부터 당치라고 부른 것으로 보인다. 『해동지도』(구례), 『광여도』, 『지승』 등의 지도에도 당치(唐峙)가 기재되어 있다. 한편 『조선지지자료』와 『조선지형도』(화개장)에 '당치(堂峙)'로 한자를 달리해 기록되어 있다. 이를 통해 일제강점기를 거치면서 한자 지명이 변화된 것으로 보인다. 『구례군지』에 따르면 당산나무가 큰 재 밑에 있어 '당재'라고 하였다고 한다.

연곡골 谷- Yeongokgol

군의 토지면 내서리, 내동리, 외곡리 일대에 소재한 골짜기이다. 내서천이 흐르는 지리산 자락 일대의 긴 골짜기로 865번 지방도가 계곡을 따라 지나간다. 연곡골 북쪽의 지리산 자락에는 피아골이 있다. 피아골에서 흘러내린 물과 당치천이 연곡천과 합류해 내서천을 이룬 뒤 섬진강에 합류한다. 계곡 일대에 545년(신라 진평왕 6)에 창건한 연곡사와 불락사 등의 사찰이 있다. 사료에서 연곡사, 연곡교 등의 관련 지명을 찾아 볼 수 있다.

『신증동국여지승람』(구례)에 "연곡사(鷰谷寺)는 지리산에 있다. (중략) 연곡교(鷰谷橋)는 동쪽으로 30리에 있다."라고 수록되었으며 『여지도서』에도 "연곡사는 관아 동쪽 50리 지리산 아래에 있다."고 하였다. 또한 『동여비고』(전라도)에 연곡사가 지리산에 기재되어있으며 그 아래에 하천이 묘사되어 골짜기를 추정할 수 있다. 연곡 지명은 『구례군사』에서 "동곡(洞谷)의 산형(山形)이 연소(鷰巢, 제비집)와 같다하여 이름 한 것이다."라고 하였다. 또한 연곡사 전설 중 연곡 지명의 유래가 전하는데 연기조사(烟起祖師)가 처음 이곳에 왔을 때 큰 연못에서 제비 한 마리가 날아가는 것을 보고 '연곡'이라고 하였다는 것이다.

화엄사곡 華嚴寺谷 Hwaeomsagok [異] 화엄사골

군의 마산면 황전리 화엄사 동쪽에 위치한 골짜기이다. 지리산 코재에서 산줄기가 두 갈래로 나뉘어지는데 차일봉, 원사봉으로 이어지는 산줄기와 밤재, 형제봉으로 이어지는 산줄기이다. 두 산줄기 사이에서 발원한 마산천 주변에 발달한 화엄사곡은 화엄사에서 지명이 유래하였다. 삼국시대에 연기조사가 창건한 것으로 알려졌으며 많은 문화재가 남아있는 화엄사는 화엄경에서 이름이 유래하였으며 황둔사

(黃屯寺)라고도 한다. 『세종실록』(24권)에 '전라도 구례의 화엄사'가 수록되어 있어 그 이전부터 화엄사라고 하였음을 알 수 있다. 『신증동국여지승람』(구례)의 "화엄사(華嚴寺)는 지리산 기슭에 있다. 승려 연기(煙氣)는 어느 때 사람인지 알 수 없는데 이 절을 세웠다 한다. (중략) 절 앞에 큰 시내가 있고 동쪽에는 일류봉(日留峯), 서쪽에는 월류봉(月留峯)이 있다."라는 기록을 통해 화엄사곡을 추정해 볼 수 있다. 『1872년지방지도』·『동여도』(19첩 4면)·『대동여지도』(18첩 4면) 등에 화엄사(華嚴寺)로, 『해동지도』·『광여도』 등에 화암사(華巖寺)로 기재되었으며 대부분의 지도에 사찰 아래로 하천이 묘사되어 있어 화엄사곡을 추정할 수 있다. 현재 골짜기를 따라 남쪽으로 18번 국도가 지나간다.

저자 약력

최원석(崔元碩)

국립경상대학교 명산문화연구센터장, 경남문화연구원 인문한국(HK)교수. 서울대학교 지리학과 졸업. 고려대학교 대학원 지리학과 문학박사. 저역서로는『사람의 산 우리 산의 인문학』,『한국의 풍수와 비보』등이 있으며, 연구논문으로는「지리산유람록에 나타난 주민생활사의 역사지리적 재구성」,「한국의 산 연구전통에 대한 유형별 고찰」등이 있음.

지리산인문학대전03 기초자료03
지리산권 지명의 역사지리

초판 1쇄 발행   2016년 7월 30일

엮은이 ㅣ 국립순천대·국립경상대 인문한국(HK) 지리산권문화연구단
지은이 ㅣ 최원석
펴낸이 ㅣ 윤관백
펴낸곳 ㅣ 🔲동서출판선인

등록 ㅣ 제5-77호(1998.11.4)
주소 ㅣ 서울시 마포구 마포대로 4다길 4(마포동 324-1) 곳마루빌딩 1층
전화 ㅣ 02)718-6252 / 6257
팩스 ㅣ 02)718-6253
E-mail ㅣ sunin72@chol.com
Homepage ㅣ www.suninbook.com

정가   22,000원
ISBN   978-89-5933-992-1   94090
       978-89-5933-920-4   (세트)

·이 책은 2007년 정부(교육과학기술부)의 재원으로 한국연구재단의 지원을
 받아 수행된 연구임(KRF-2007-361-AM0015)